DAS KLASSISCHE KOCHBUCH FÜR SPANISCHES BROT

Eine Sammlung von 100 herzhaften und süßen spanischen Brotrezepten

Minna Voigt

Urheberrechtliches Material ©2023

Alle Rechte vorbehalten

Kein Teil dieses Buches darf ohne die entsprechende schriftliche Zustimmung des Herausgebers und Urheberrechtsinhabers in irgendeiner Form oder auf irgendeine Weise verwendet oder übertragen werden, mit Ausnahme von kurzen Zitaten, die in einer Rezension verwendet werden. Dieses Buch sollte nicht als Ersatz für medizinische, rechtliche oder andere professionelle Beratung betrachtet werden.

INHALTSVERZEICHNIS

INHALTSVERZEICHNIS	**3**
EINFÜHRUNG	**8**
SPANISCHE KLASSIKER	**9**
1. Spanisches Schokoladenbrot	10
2. Moltebrot	12
3. Pan con Tomate	15
4. Rustikales spanisches Brot	17
5. Pan De Horno	20
6. Spanisches süßes Milchbrot	22
7. Pan Basico	25
8. Mallorquinisches Spiralgebäck (Ensaimada)	28
9. Galizisches Brot (Pan Gallego)	31
10. Spanisches Shortbread (Polvorones)	34
11. Spanischer Biskuitkuchen (Sobao Pasiego)	36
12. Spanisches Osterbrot (Hornazo)	38
13. Spanisches Mandelbrot (Mazapan)	41
14. Kubanisches Tan-Brot	44
15. Kubanisches Braunbrot	46
16. Einfaches Pan Dulce (spanisches süßes Brot)	48
KROKETTEN	**51**
17. Kartoffel-Croquetas	52
18. Croquetas de Jamon	54
19. Gebackene Lachs-Croquetas	57
20. Austern-Croquetas	60
21. Reis-Croquetas	63
22. Quinoa/Kartoffel-Croquetas	65

| 23. Fleisch-Croquetas | 67 |

SPANISCHER FRANZÖSISCHER TOAST   69

24. BasicTorrijas	70
25. Mit Zucker überzogene Torrijas	73
26. Honeybee Torrijas	75

SPANISCHE CHURROS   77

27. Einfache Churros	78
28. Zimt-Churros	81
29. Churros und Schokolade	83
30. Kochbananen-Churros	85
31. Spanische Churros aus rotem Samt	87
32. San Diablo Artisan Churros	90
33. Gebackene Churros	93

Spanisches Maisbrot   96

34. Buttermilch-Maisbrot aus der Gusseisenpfanne	97
35. Maisbrot aus der Pfanne	99
36. Echtes spanisches Maisbrot	101
37. Spotted Dog Irish Bread	103
38. Parmesan-Speck-Blasenbrot	105
39. Irisches Sodabrot in einer Pfanne	107
40. Kräuterbrot aus der Pfanne	109
41. Maisbrot aus Gusseisen	111
42. Maiskuchenbrot	113
43. Zucchini-Maisbrot	115
44. Süßes Buttermilch-Maisbrot	117
45. Mrs. Pattis Maisbrot	119
46. Das beste Maisbrot	121
47. Einfaches Buttermilch-Maisbrot	123

48. Heißwasser-Maisbrot	125
49. Irisch würziges Maisbrot	127
50. Feuchtes veganes Maisbrot	129
51. Bubbas Bierbrot	131
52. Maisbrot aus der Gusseisenpfanne	133
53. Maisbrot aus Gusseisen	135
54. Münsterbrot	137
55. Avocado-Maisbrot	139

SPANISCHER BROTPUDDING — 142

56. Mexikanische Capirotada	143
57. Spanischer Brotpudding mit Äpfeln und Rosinen	145
58. Pudín de Pan	148
59. Akadischer Brotpudding	151
60. Brandy-Brotpudding	154

Spanisches Käsebrot — 156

61. Spanisches Cheddar-Brot	157
62. Spanisches Käsebrot	159
63. Spanisches Schinken-Parmesan-Brot	161

Spanisches Fladenbrot — 163

64. Spanisches Fladenbrot	164
65. Tortas De Aceite	167
66. Mit Spinat gefülltes Brot	170
67. Käse-Kräuter-Fladenbrot	172
68. Knuspriges Maisfladenbrot	175

SPANISCHE EMPANADA — 178

69. Empanada Gallega	179
70. Galizische Empanada	182
71. Puten-Empanadas	185

72. Salsa Verde Golden Chicken Empanadas … 187
73. Würzige Tempeh-Empanadas … 190
74. Schnelle Pinto-Kartoffel-Empanadas … 193
75. Holzbefeuerte Empanadas … 195
76. Schokoladen-Haselnuss-Empanadas … 197

SPANISCHE PIZZA … 199

77. Katalanische Koka … 200
78. Spanische Chorizo-Pizza … 203
79. Pizza mit Muscheln, Wurst und Haselnüssen … 205

FRUCHTIGES SPANISCHES BROT … 207

80. Gebackenes spanisches Blaubeerbrot … 208
81. Dinkelbrot mit Orange … 211
82. Weizen-Beeren-Sprossenbrot … 213
83. Spanisches Birnenbrot … 215

SPANISCHES KRÄUTERBROT … 217

84. Spanisches Brot mit Basilikumcreme … 218
85. Spanisches Kräuterbrot … 220
86. Rosmarinbrot … 222
87. Sauerteigbrot mit grünem Tee … 224

Spanisches Brot mit Nüssen und Samen … 226

88. Mit Haselnüssen gefülltes spanisches Brot … 227
89. Haselnussbrot … 230
90. Walnussbrot … 232
91. Anisbrot … 234
92. Sonnenblumenbrot … 236
93. Kürbiskern-Luzernensprossenbrot … 238
94. Käse-Sesam-Brot … 240
95. Spanisches Sesambrot … 243

GEMÜSE- UND KÖRNERBROT 245

96. Kartoffelsauerteig 246

97. Karottenbrot 248

98. Olivenbrot 250

99. Haferbrot 252

100. Linsenbrot 254

ABSCHLUSS 256

EINFÜHRUNG

Zusammenfassend lässt sich sagen, dass das spanische Brotkochbuch ein Muss für jeden Brotliebhaber ist, der neue Geschmacksrichtungen und Techniken entdecken möchte. Bei der Auswahl von 100 Rezepten ist für jeden Anlass und jede Geschmacksvorliebe etwas dabei. Unser Kochbuch ist so konzipiert, dass es für Bäcker aller Erfahrungsstufen zugänglich ist. Seien Sie also nicht einschüchtern, wenn Sie neu im Brotbacken sind. Mit unseren detaillierten Anweisungen und hilfreichen Bildern werden Sie im Handumdrehen für Furore sorgen.

Warum also nicht ein bisschen Spanien zu Ihrem Backrepertoire hinzufügen und die köstliche Welt der spanischen Brote entdecken? Egal, ob Sie zum Frühstück ein Stück Pan Con Tomate genießen oder sich zum Nachtisch Churros gönnen, unser Kochbuch wird Ihre Anlaufstelle für alles rund um spanisches Brot sein.

SPANISCHE KLASSIKER

1. Spanisches Schokoladenbrot

Ergibt: 10 Portionen

ZUTATEN:
- ½ Tasse Milch
- ¼ Tasse Wasser
- 1 großes Ei; bei Raumtemperatur
- 2 Esslöffel ungesalzene Butter; geschmolzen
- 3 Esslöffel Zucker
- 2 Tassen Brotmehl
- 2 Esslöffel ungesüßter Kakao; vorzugsweise holländischer Kakao
- 1 Esslöffel Gluten
- ¾ Teelöffel Instant-Espressopulver
- ¾ Teelöffel Salz
- ½ Teelöffel gemahlener Zimt
- ¼ Teelöffel getrocknete Orangenschale
- 1½ Unzen bittersüße Schokoladenstückchen
- 1½ Teelöffel Brotbackhefe

ANWEISUNGEN:
a) Geben Sie alle Zutaten in der vom Hersteller empfohlenen Reihenfolge in einen Brotbackautomaten.
b) Stellen Sie die Kruste auf „hell". Wenn Ihr Gerät über Optionen für die Krusteneinstellung verfügt, programmieren Sie es für süßes Brot und drücken Sie die Starttaste.
c) Nachdem der Backvorgang beendet ist, nehmen Sie das Brot sofort aus der Maschine und legen Sie es auf ein Kühlregal.
d) Vor dem Schneiden auf Raumtemperatur abkühlen lassen.
e) Ergibt 1 Laib, etwa 10 Scheiben.

2. Mollete-Brot

Ergibt: 5 Rollen

ZUTATEN:
- ⅔ Tasse warmes Wasser plus 3 Esslöffel mehr (200 ml)
- 1 Esslöffel Kristallzucker
- 2 ¼ Teelöffel Trockenhefe (7 g)
- 2 Tassen Brotmehl (250 g)
- ¾ Tasse Vollkornmehl (100 g)
- 1 Teelöffel Salz
- 1 ½ Esslöffel Weizenkleie, optional
- 1 Esslöffel Milchpulver
- 2 Esslöffel natives Olivenöl extra (30 ml)

ANWEISUNGEN:
a) Zucker in warmem Wasser auflösen, Trockenhefe untermischen und ca. 5 Minuten einwirken lassen (wird schaumig).
b) Geben Sie die restlichen Zutaten außer der Hefemischung und dem Öl in eine Rührschüssel. Gut mischen
c) Geben Sie bei niedriger Geschwindigkeit Ihres Mixers die Hefemischung und das Öl hinein. Zusammenkommen lassen, Geschwindigkeit erhöhen und 10 Minuten kneten
d) Den Teig zu einer Kugel formen, in eine gefettete Schüssel geben und den Teig gut mit Öl bestreichen. An einem warmen Ort gehen lassen, bis sich das Volumen verdoppelt hat
e) Nehmen Sie den Teig heraus und rollen Sie ihn mehr oder weniger zu einer Rolle. Den Teig grob in 5 Stücke teilen. Formen Sie daraus Kugeln
f) Rollen Sie jede der Kugeln in ovale Scheiben mit einer Dicke von etwa 2 cm. Legen Sie sie auf ein bemehltes Backblech, auf ein Backblech. Decken Sie das Backblech fest mit gefetteter Frischhaltefolie ab. Gehen lassen, bis sich das Volumen verdoppelt hat
g) Lassen Sie den Ofen auf 170 °C (340 °F) vorheizen. Gießen Sie etwas kochendes Wasser in ein Backblech und stellen Sie es auf die Unterseite des Ofens. Dadurch entsteht Dampf, der dafür sorgt,

dass die Mollete beim Backen schön aufgeht. Legen Sie das Backblech mit Mollete in den Ofen und backen Sie es 25 Minuten lang oder bis es goldbraun und vollständig gegart ist. *Die Ofentemperatur variiert, also entsprechend anpassen

h) Wenn sie fertig sind, lassen Sie sie auf einem Kuchengitter abkühlen. Schneiden Sie sie in zwei Hälften, rösten Sie sie und essen Sie sie mit den Belägen oder Aufstrichen, die Sie wünschen

3. Pan con Tomate

Macht: 3

ZUTATEN:
- 1 Knoblauchzehe (püriert)
- 1 EL. Salz
- 4 mittelgroße Tomaten (gerieben, um Haut und Kerne zu entfernen)
- 1 EL. Olivenöl
- 1 Laib geschnittenes Brot (ungesäuert oder Vollkornbrot)

ANWEISUNGEN:
a) Toasten Sie Brotscheiben bei 250 F̊, bis jede Scheibe auf beiden Seiten braun ist.
b) Olivenöl in eine Schüssel geben. Salz in die Schüssel geben. Gut umrühren.
c) Den zerdrückten Knoblauchsaft auf dem gerösteten Brot verteilen.
d) Die geriebene Tomatenmischung auf dem Brot verteilen.
e) Die Öl-Salz-Mischung ebenfalls auf dem Brot verteilen.
f) Sofort servieren

4. Rustikales spanisches Brot

PORTIONEN 2 große Brote

ZUTATEN:
- 2 3/4 Tassen 650 ml Wasser
- 5 Teelöffel oder 2 Päckchen 14 g aktive Trockenhefe
- 7 Tassen 900 Gramm Brotmehl
- 1 Esslöffel 14 g Salz
- 1/4 Tasse 60 ml Olivenöl, vorzugsweise extra vergine
- Maismehl zum Bestreuen des Backblechs

ANWEISUNGEN:

a) Streuen Sie die Hefe über leicht warmes (95 Grad) Wasser in einer kleinen Schüssel oder einem Messbecher. Leicht umrühren. 10 Minuten ruhen lassen.

b) Messen Sie das Mehl ab und geben Sie es in die Schüssel eines Küchenmixers mit daran befestigtem Knethaken. Wenn Sie es von Hand zubereiten, geben Sie das Mehl in eine große Rührschüssel.

c) Schalten Sie den Mixer ein, geben Sie Salz zum Mehl und lassen Sie es verrühren. Bei laufendem Mixer das Olivenöl langsam in das Mehl träufeln. Bei der Zubereitung per Hand einen Schneebesen verwenden.

d) Die Hefe-Wasser-Mischung langsam hineinträufeln. Lassen Sie den Teig 4 Minuten lang maschinell kneten.

e) Wenn Sie den Teig von Hand zubereiten, vermischen Sie das Mehl mit der Hefe-Wasser-Mischung mit einem Holzlöffel, geben Sie den Teig dann auf eine bemehlte Fläche und kneten Sie ihn 5 Minuten lang.

f) Nach dem Kneten sollte ein glatter, elastischer Teig entstehen, der beim Drücken mit dem Finger leicht nachspringt. Überprüfen Sie während des Knetvorgangs die Konsistenz des Teigs. Wenn der Teig klebrig ist, fügen Sie bis zu 1/2 Tasse zusätzliches Mehl hinzu.

g) Decken Sie den Teig in der Schüssel mit Wachspapier, das mit Kochspray besprüht wurde, und dann mit einem Küchentuch ab. 1 Stunde gehen lassen oder bis sich das Volumen verdoppelt hat.

h) Den aufgegangenen Teig etwa eine Minute lang von Hand auf einer bemehlten Arbeitsfläche kneten, um die Luft zu entfernen. Aus dem Teig zwei gleich große Kugeln formen und auf ein 38 cm großes Backblech legen, das großzügig mit Maismehl bestreut wurde.

i) Decken Sie die Brote erneut mit Wachspapier und einem Küchentuch ab und lassen Sie sie ein zweites Mal für 20–25 Minuten gehen, bis sich der Teig verdoppelt hat. In der Zwischenzeit den Ofen auf 425 Grad vorheizen.

j) Backen Sie die Brote 23–25 Minuten lang oder bis sie braun sind. Für eine knusprigere Kruste 5 Minuten länger backen.

5. Pan De Horno

ZUTATEN:
- 2 Tassen Cariaco-Mais
- 1/2 Tasse frische flüssige Milch
- ¼ Tasse Öl
- 1 Teelöffel Zimt
- 1 Teelöffel süße Nelken
- 1 Teelöffel süßer Anis
- 3 Eier
- 1 Tasse geriebenes Papelón

ANWEISUNGEN:
a) Geben Sie den Cariaco-Mais nur 10 Minuten lang in einen Topf, damit er nicht kocht, sondern einweicht.
b) In einer gewöhnlichen Maismühle mahlen, den Teig entnehmen und mit den anderen Zutaten verkneten
c) Sehr gut durchkneten, bis die Masse nicht mehr an den Händen klebt, 15 Minuten ruhen lassen.
d) Den Backofen auf 180 °C oder 350 °F vorheizen.
e) Den Teig ausrollen, 30-g-Portionen entnehmen und zu dünnen Riegeln formen
f) Die Enden zu Ringen oder Donuts zusammenfügen.
g) In Bananenblätter auf ein Blech legen und 30 Minuten im Ofen backen.
h) Aus dem Ofen nehmen und bei Zimmertemperatur stehen lassen.
i) Servieren und genießen

6. Spanisches süßes Milchbrot

Ergibt: 4 Portionen
ZUTATEN:
- 3 Unzen. (100 ml) lauwarme Milch
- 1 Umschlag (1/4 oz.) Trockenhefe
- 1 Ei
- 1/2 Würfel (50 g) weiche Butter
- 1/3 c. (70 gr.) Kristallzucker
- 1 ½ c. (200 gr.) ungebleichtes Weißmehl
- 2-3 EL Pflanzenöl

a) Die Trockenhefe in die erwärmte Milch einrühren, bis sie sich aufgelöst hat.
b) Mit einem kleinen Küchentuch abdecken und 10 Minuten an einem warmen, zugfreien Ort gehen lassen.
c) Butter und Zucker in einer mittelgroßen Rührschüssel schaumig rühren.
d) Ei unter die Butter-Zucker-Mischung schlagen.
e) Hefe-Milch-Mischung hinzufügen und gründlich verrühren.
f) Geben Sie jeweils eine halbe Tasse Mehl in die Rührschüssel. Mehl mit einem Holzlöffel untermischen, bis der Teig eine Kugel bildet. Bei Bedarf jeweils 1 Esslöffel Mehl hinzufügen, bis ein weicher Teig entsteht.
g) Teig mit 1 Esslöffel Mehl bestäuben.
h) Decken Sie die Schüssel mit einem feuchten Küchentuch ab und stellen Sie sie an einen warmen Ort, geschützt vor Zugluft. 30 Minuten gehen lassen.
i) Teig aufdecken. Nach dem Aufgehen ist der Teig weich, schwammig und klebrig.
j) Die Hände mit Öl bestreichen und den Teig 5 bis 6 Mal kneten.
k) Den Teig in 4 Teile teilen.
l) Zu Kugeln oder Rechtecken formen und auf ein Backblech oder einen Backstein legen.
m) 15 Minuten gehen lassen. Den Ofen auf 200 °C (400 °F) vorheizen.
n) Brot 7 Minuten backen. Brot herausnehmen und mit Pflanzenöl bestreichen.
o) Zurück in den Ofen und weitere 7-10 Minuten backen. Entfernen Sie es, wenn das Brot anfängt zu bräunen. 5 Minuten abkühlen lassen, dann mit Butter oder Marmelade servieren.

7. Pan Basico

Ergibt: 8 bis 10 Portionen

ZUTATEN:
- 1 1/3 Tassen Wasser, geteilt
- 1 (1/4 Unze) Umschlag (2 1/4 Teelöffel) aktive Trockenhefe
- 1/2 Teelöffel Zucker
- 4 Tassen (500 Gramm) Allzweckmehl
- 1 1/2 Teelöffel Salz
- 1 großes Ei
- 1 Esslöffel Wasser

a) Messen Sie 2/3 Tasse Wasser in eine mikrowellengeeignete Tasse ab. Erhitzen Sie das Wasser einige Sekunden lang in der Mikrowelle, bis es lauwarm ist.
b) Geben Sie das Wasser in eine große Rührschüssel. Hefe und Zucker unter ständigem Rühren in das warme Wasser mischen, bis sich beides vollständig aufgelöst hat.
c) In einer mittelgroßen Rührschüssel Mehl und Salz vermischen.
d) Mit einem Holzlöffel die Mehl-Salz-Mischung nach und nach in die Wasser-Hefe-Mischung einrühren. Die restlichen 2/3 Tassen Wasser einrühren, bis ein weicher Teig entsteht. Fügen Sie bei Bedarf mehr Wasser hinzu, jeweils 2 Esslöffel.
e) Den Teig 1 bis 2 Minuten lang kneten, bis eine weiche Teigkugel entsteht.
f) Decken Sie den Teig in einer Rührschüssel mit einem feuchten Geschirrtuch ab. Stellen Sie die Schüssel an einen warmen, zugfreien Ort und lassen Sie den Teig 40 Minuten gehen.
g) Den Teig 5 bis 6 Mal kneten. Formen Sie daraus eine große Kugel für eine Runde oder teilen Sie es in zwei Teile und formen Sie jeweils kleinere Runden. Um ein Baguette zuzubereiten, teilen Sie den Teig in zwei Teile und formen Sie jedes zu langen, dicken Strängen von etwa 30 cm. Drehen Sie die Teile zusammen und drücken Sie die Enden zusammen.

h) Den Teig auf einen Backstein oder ein mit Backpapier ausgelegtes Backblech legen. An einem warmen Ort 15 Minuten gehen lassen.

i) Heizen Sie den Ofen auf 425 F vor. In einer kleinen Schüssel das Ei mit 1 Esslöffel Wasser verquirlen, um eine Eiermasse zu erhalten.

j) Sobald der Teig aufgegangen ist, die Oberseite des Teigs einschneiden und 7 Minuten backen, dann aus dem Ofen nehmen und mit dem Ei bestreichen, um eine glänzende Kruste zu bilden. Zurück in den Ofen und etwa 18 bis 24 Minuten weiterbacken. Das Brot ist fertig, wenn ein sofort ablesbares Thermometer in der Mitte des Brotes 190 bis 200 F anzeigt. Außerdem sollte es goldbraun sein und einen hohlen Klang erzeugen, wenn man auf den Boden klopft.

k) Aus dem Ofen nehmen und auf einem Gitter vollständig abkühlen lassen.

8. Mallorquinisches Spiralgebäck (Ensaimada)

Ergibt: 18 Gebäckstücke

ZUTATEN:
- 3 1/4 Teelöffel Trockenhefe
- 1 1/4 Tassen Milch, lauwarm erhitzt
- 25 Unzen Weißbrotmehl, geteilt
- 4 große Eier
- 3/4 Tasse Zucker
- 7 Unzen Gemüsefett
- 1/4 Tasse Puderzucker zur Dekoration

Schritte, um es zu schaffen
a) Mischen Sie die Hefe mit lauwarmer Milch in einem Messbecher aus Glas, bis sie sich aufgelöst hat.
b) Geben Sie die Hälfte des Mehls in eine große Rührschüssel.
c) Unter Rühren nach und nach die Milch-Hefe-Mischung zugießen.
d) Mischen, bis die Zutaten einen Teig ergeben.
e) Decken Sie die Schüssel mit Plastikfolie ab und stellen Sie sie an einen warmen Ort. Lassen Sie den Teig etwa 1 Stunde gehen, bis sich sein Volumen verdoppelt hat.
f) Während der Teig aufgeht, nehmen Sie die Eier aus dem Kühlschrank, damit sie Zimmertemperatur annehmen.
g) Sobald der Teig aufgegangen ist, die Eier nacheinander zum Teig geben. Mit einem großen Löffel oder den Händen die Eier in den Teig einarbeiten.
h) Dann den Zucker hinzufügen und rühren, bis der Teig den Zucker aufnimmt.
i) Das restliche Mehl untermischen und den klebrigen Teig 4 bis 5 Minuten mit den Händen kneten, bis der Teig eine Kugel bildet.
j) Mit Frischhaltefolie gut abdecken und 30 bis 45 Minuten gehen lassen.
k) Bemehlen Sie ein Brett oder eine Oberfläche leicht.
l) Den Teig mit einem Nudelholz sehr dünn ausrollen. Es sollte sich dehnen, um ein 24-Zoll-Quadrat zu bilden.

m) Reiben Sie mit den Händen das Pflanzenfett auf die Oberseite des Teigs.

n) Rollen Sie den Teig auf, als ob Sie eine Biskuitrolle machen würden.

o) In etwa 2,5 cm dicke Scheiben schneiden. (Es sollten ungefähr 18 Runden reichen.)

p) Die Runden auf einen Teller geben.

q) Bemehlen Sie das Schneidebrett erneut leicht.

r) Rollen Sie jedes Teigstück mit den Händen zu einer langen Rolle oder einem Strang.

s) Rollen Sie dann jede der Rollen wie ein Schneckenhaus auf, sodass die traditionelle Form der Ensaïmadas entsteht.

t) Backbleche oder einen Backstein mit Backpapier abdecken.

u) Legen Sie die Ensaïmadas auf das Backpapier und lassen Sie dabei viel Platz dazwischen, da sie sich sonst ausdehnen. Gehen lassen, bis sich das Volumen verdoppelt hat, am besten über Nacht im Kühlschrank. Die Gehzeit über Nacht ermöglicht eine weitere Gärung, die Geschmack und Größe verleiht. Tatsächlich können die Ensaïmadas ihre Größe verdreifachen.

v) Heizen Sie Ihren Backofen auf 180 °C (350 °F) vor. Backen Sie ihn 12 bis 15 Minuten lang auf der mittleren Schiene, bis er oben gebräunt ist.

w) 10 bis 15 Minuten abkühlen lassen, dann mit Puderzucker bestreuen. Genießen!

9. Galizisches Brot (Pan Gallego)

Ergibt: 20 Scheiben

ZUTATEN:
FÜR DAS LEVAIN-GEBÄUDE
- 50 Gramm reifer Starter
- 50 Gramm Brotmehl
- 25 Gramm Vollkornmehl
- 25 Gramm Roggenvollkornmehl
- 90 Gramm lauwarmes (100 Grad F) Wasser

LETZTER TEIG
- 425 Gramm Brotmehl
- 75 Gramm Roggenvollkornmehl
- 425 Gramm Wasser, Raumtemperatur
- 100 Gramm Levain
- 10 Gramm Salz

ANWEISUNGEN:
UM DEN LEVAIN BAUEN ZU LASSEN

a) Kombinieren Sie das Levain. ZUTATEN: in einer mittelgroßen Schüssel. Umrühren, mit Plastikfolie abdecken und vier Stunden bei Raumtemperatur ruhen lassen.

b) Sofort verwenden oder das Levain für bis zu 12 Stunden in den Kühlschrank stellen, um es am nächsten Tag zu verwenden.

c) Um den letzten Teig zu machen

d) Mehl und 325 Gramm Wasser vermischen. Fügen Sie weitere 50 Gramm Wasser hinzu und verrühren Sie das Ganze, decken Sie es ab und lassen Sie es 45 Minuten lang ruhen.

e) Den Levain und weitere 25 Gramm Wasser hinzufügen und umrühren. Abdecken und 1 Stunde ruhen lassen.

f) Geben Sie das Salz und 25 Gramm Wasser zum Teig und drücken Sie das Salz mit den Fingern in den Teig, damit es sich auflöst.

g) Sobald sich das Salz aufgelöst hat, den Teig mehrmals dehnen und falten. Abdecken und 30 Minuten ruhen lassen.

h) Den Teig erneut dehnen und falten. Abdecken und die Masse vier Stunden lang gehen lassen.

i) Den Teig zu einer Kugel formen und 15 Minuten ruhen lassen. Den Laib fest zusammendrücken, mit der Naht nach oben in ein mit Handtüchern ausgelegtes Banneton legen und mit geölter Plastikfolie abdecken.
j) Den Laib 2 bis 3 Stunden bei Zimmertemperatur gehen lassen.
k) Stellen Sie das Brot in den Kühlschrank und lassen Sie es weitere 8 bis 10 Stunden gehen.
l) Den Laib aus dem Kühlschrank nehmen.
m) Lassen Sie den Laib etwa 2 Stunden lang auf Zimmertemperatur kommen.
n) Heizen Sie den Ofen auf 475 Grad F vor, mit einem Schmortopf auf der mittleren Schiene.
o) Den Teig mit der Nahtseite nach unten auf ein Stück Backpapier legen. Fassen Sie den Teig oben mit der Hand und ziehen Sie ihn so weit wie möglich nach oben. Drehen Sie es herum und formen Sie es zu einem Knoten. Lassen Sie es wieder auf der Teigoberfläche ruhen.
p) Schneiden Sie mit einem scharfen Messer vorsichtig vier gleichmäßig verteilte, senkrechte Schlitze in den Teig, um ihm etwas Platz zum Ausdehnen zu geben.
q) Heben Sie den Teig mit dem Backpapier in den vorgeheizten Schmortopf, decken Sie ihn ab und legen Sie den Laib in den Ofen. 15 Minuten backen. Reduzieren Sie den Ofen auf 425 Grad F.
r) Nehmen Sie den Deckel ab und lassen Sie das Brot weitere 15 bis 20 Minuten fertig backen, bis das Brot eine Innentemperatur von 205 Grad F erreicht hat.
s) Auf einem Kuchengitter vollständig abkühlen lassen.

10. Spanisches Shortbread (Polvorones)

Ergibt: 25 Kekse

ZUTATEN:
- 1 1/2 Tassen Allzweckmehl
- 1/4 Teelöffel Salz
- 1 1/2 Teelöffel gemahlener Zimt geteilt
- 1/2 Tasse Puderzucker
- 1 Tasse Schmalz
- 1 Teelöffel Vanilleextrakt
- 1 Tasse Kristallzucker

ANWEISUNGEN:
a) Ofen vorheizen auf 350 Grad. Backbleche einsprühen; beiseite legen.
b) In einer kleinen Rührschüssel Mehl, Salz und 1/2 Teelöffel Zimt verquirlen; beiseite legen.
c) In einer mittelgroßen Schüssel etwa 2 Minuten lang Schmalz und Puderzucker schaumig rühren, bis die Masse leicht und locker ist. Vanille einrühren. Mehlmischung unter die Schmalzmischung rühren, bis ein fester Teig entsteht.
d) Mischen Sie in einer kleinen Schüssel 1 Tasse Kristallzucker und 1 Teelöffel Zimt.
e) Den Teig zu 2,5 cm großen Kugeln formen. Kugeln in der Zimtmischung rollen. Auf ungefettete Backbleche im Abstand von 5 cm legen.
f) Im vorgeheizten Ofen 15 bis 20 Minuten backen oder bis die Unterseite der Kekse goldbraun ist (Oberseiten und Ränder bleiben blass). Kühlen Sie die Kekse 3–5 Minuten lang oder bis sie fest sind (übertragen, ohne zu zerbröckeln) und geben Sie sie dann auf Drahtgitter.

11. Spanischer Biskuitkuchen (Sobao Pasiego)

Ergibt: 6–8 Portionen

ZUTATEN:
- 250 g sehr weiche Butter,
- 1 Glas Zucker,
- 3 Eier,
- 2,5 Tassen Mehl,
- 1 Teelöffel Instanthefe,
- Abgeriebene Schale einer halben Zitrone.

ANWEISUNGEN:
a) Butter, Zucker und Instanthefe möglichst mit einem Mixer verrühren.
b) Eier und Zitronenschale dazugeben und verrühren,
c) Das Mehl nach und nach dazugeben und vermischen,
d) Verteilen Sie die Mischung auf einer mit Wachspapier bedeckten Auflaufform (21 x 35 cm).
e) Backen Sie es im vorgeheizten Ofen bei 180 °C, bis es goldbraun ist und der Zahnstocher sauber herauskommt.

12. Spanisches Osterbrot (Hornazo)

Macht: 8

ZUTATEN:
- 750 g (5 Tassen) Brotmehl
- 10 g (3 TL) Trockenhefe
- 1 TL Salz
- 125 ml Butter, gewürfelt
- 440 ml Wasser
- 1 Ei, leicht verquirlt
- 1 Eigelb mit 2 TL Wasser verquirlen, glasieren

Füllung
- 200 G bacon-Scheiben, von der Schwarte befreit und grob gehackt
- 350 g Chorizo, in 1 cm dicke Scheiben geschnitten
- 3 hartgekochte Eier, geviertelt

ANWEISUNGEN:
a) Mehl, Hefe und Salz in einer großen Schüssel vermischen. Die Butter in einem kleinen Topf bei mittlerer Hitze schmelzen. Das Wasser hinzufügen und erhitzen, bis es gerade noch lauwarm ist. Mit dem verquirlten Ei zu den trockenen Zutaten geben und mit einem Holzlöffel und anschließend mit den Händen zu einem weichen Teig verrühren.

b) Auf eine leicht bemehlte Arbeitsfläche geben und 10 Minuten lang kneten, bis der Teig glatt und elastisch ist.

c) Eine saubere große Schüssel leicht einölen, den Teig hinzufügen und wenden, sodass der Teig mit dem Öl bedeckt ist. Mit Plastikfolie abdecken und an einem warmen, zugfreien Ort für 1 Stunde oder bis sich das Volumen verdoppelt hat, beiseite stellen.

d) In der Zwischenzeit das Öl in einer Bratpfanne erhitzen und den Speck bei mittlerer bis hoher Hitze braten, bis er anfängt, knusprig zu werden. Mit einem Schaumlöffel in eine Schüssel umfüllen. Die Chorizo hinzufügen und bei mittlerer Hitze goldbraun braten. Die Chorizo mit dem Speck in die Schüssel geben.

e) Wenn Sie fertig sind, schlagen Sie die Mitte des Teigs mit der Faust nach unten und stürzen Sie ihn auf eine gut bemehlte Oberfläche. 2-3 Minuten lang kneten, bis eine glatte Masse entsteht. Den Teig mit den Händen zu einem etwa 20 x 50 cm großen Rechteck formen, wobei die lange Seite zu Ihnen zeigen sollte. Mit einem Backpinsel die Außenkante des Teigs mit etwas Wasser bestreichen. Etwa die Hälfte der Schinken-Wurst-Mischung und die geviertelten Eier auf dem mittleren Drittel des Teigs verteilen.

f) Falten Sie das rechte Drittel des Teigs über die Füllung, sodass diese bedeckt ist. Mit restlichem Schinken, Chorizo und Ei belegen. Falten Sie das restliche Drittel des Teigs darüber, um die Füllung zu bedecken, und drücken Sie die Ränder zusammen, um sie zu verschließen.

g) Ein großes Backblech mit Backpapier auslegen und den Laib darauf legen. Mit einem leicht feuchten Geschirrtuch abdecken und an einem warmen, zugfreien Ort 30 Minuten lang oder bis sich das Volumen verdoppelt hat, beiseite stellen.

h) Backofen auf 200°C vorheizen.

i) Wenn Sie fertig sind, schneiden Sie die Oberseite des Laibs mit einem sehr scharfen Messer vier bis fünf Mal schräg ein. Zum Glasieren mit der Eierwaschmischung bestreichen und 35 Minuten backen oder bis die Masse gar ist und hohl klingt, wenn man auf den Boden klopft. Zum Abkühlen auf einen Rost legen. Warm servieren oder bei Zimmertemperatur in dicke Scheiben schneiden.

13. Spanisches Mandelbrot (Mazapan)

Macht: 12

ZUTATEN:
- 3 3/4 Tassen (450 g) gemahlene Mandeln (oder Mandelmehl)
- 4 Tassen (450 g) Puderzucker
- 1 Eiweiß
- 3 Esslöffel (45 ml) Zitronensaft (optional)
- 1 Eigelb (zum Waschen der Eier)
- eine Prise Salz

ANWEISUNGEN:
a) Achte im ersten Schritt darauf, dass das Gewicht der gemahlenen Mandeln (bzw. Mandelmehl) und des Puderzuckers gleich ist. Wenn Sie sich an die aufgeführten Beträge halten, ist die Anzahl bereits die angegebene.
b) Geben Sie sie in dieselbe Schüssel und vermischen Sie sie mit dem Eiweiß und dem Zitronensaft. Zitronensaft gibt einen tollen Geschmack, aber Sie können ihn entfernen und bei Bedarf Wasser hinzufügen.
c) Kneten Sie die Mischung mit den Händen und fügen Sie sie hinzu, bis ein kompakter und leicht klebriger Teig entsteht (der Teig sollte nicht vollständig in Ihren Händen kleben bleiben). Wenn Sie eine sehr flüssige Masse haben, fügen Sie in gleichen Mengen noch etwas gemahlene Mandeln und Puderzucker hinzu.
d) Formen Sie aus dem Teig einen Zylinder und wickeln Sie ihn in Pergamentpapier oder Plastikfolie ein. Zum Aushärten mindestens 1 Stunde in den Kühlschrank stellen. Wenn es bei Ihnen zu Hause sehr warm ist, stellen Sie es für eine Stunde in den Gefrierschrank, da sonst die Kälte aus dem Kühlschrank nicht ausreicht.
e) Den Backofen auf 180 °C vorheizen und den Teig aus dem Kühlschrank nehmen. Stellen Sie auf dem Arbeitstisch eine kleine Schüssel mit Wasser bereit, um Ihre Hände zu befeuchten und zu verhindern, dass der Teig daran kleben bleibt.

f) Bereiten Sie ein Backblech mit Antihaftbeschichtung oder Backpapier oder etwas Mehl und Butter vor, damit das Marzipan nicht am Blech kleben bleibt.

g) Da der Teig eine zylindrische Form hat, können Sie Kreise auf die gewünschte Größe schneiden und ihnen verschiedene Formen geben. Es können klassische Formen wie rund oder rechteckig sein oder mit Ausstechformen in jede beliebige Form gebracht werden.

h) Legen Sie sie auf das Blech und zeichnen Sie mit einer Gabel die für Marzipan typischen Markierungen oben ein. Geben Sie dann ein wenig Eigelb hinein und backen Sie das Ganze für 10 Minuten oder bis es goldbraun ist.

i) Lassen Sie sie vollständig abkühlen, bevor Sie sie aus der Schale nehmen, sonst könnten sie beim Versuch, sie zu entfernen, zerbrechen.

14. Kubanisches Tan-Brot

ZUTATEN:
- 3 Packungen Aktiv-Trockenhefe-Maismehl
- 4 TL brauner Zucker 1 Ei
- 2 C. Wasser 3/4 C. heißes Wasser
- 5 -6 C. Brotmehl, geteilt
- 1 EL Salz

ANWEISUNGEN:
a) Besorgen Sie sich eine Rührschüssel: Rühren Sie Hefe, braunen Zucker und warmes Wasser hinein. 11 Minuten ruhen lassen.
b) Fügen Sie das Salz mit 3 bis 4 EL Mehl hinzu. Kombinieren Sie sie, bis ein weicher Teig entsteht.
c) Den Teig auf eine bemehlte Fläche legen. 9 bis 11 Minuten lang kneten.
d) Eine Schüssel einfetten und den Teig hineingeben. Decken Sie es mit einer Plastikfolie ab. Lassen Sie es 1 Stunde lang 46 Minuten lang ruhen.
e) Sobald die Zeit abgelaufen ist, kneten Sie den Teig 2 Minuten lang. Formen Sie daraus 2 Brotlaibe.
f) Streuen Sie etwas Maismehl auf ein Backblech. Die Brotlaibe hineinlegen und mit einem Küchentuch abdecken.
g) Lassen Sie sie 11 Minuten lang ruhen. Verwenden Sie einen Pizzaschneider und ein Messer, um oben auf jedem Brotlaib zwei Schlitze zu machen.
h) Bevor Sie etwas unternehmen, heizen Sie den Ofen auf 400 F vor.
i) Stellen Sie die Brotform in den Ofen. Lassen Sie sie 32 bis 36 Minuten kochen, bis sie goldbraun sind.
j) Lassen Sie die Brotlaibe vollständig abkühlen. Servieren Sie sie mit allem, was Sie möchten.
k) Genießen.

15. Kubanisches Braunbrot

ZUTATEN:
- 1 C. Wasser
- 3 EL Wasser
- 1 1/2 TL Salz
- 3 C. Brotmehl
- 2 TL brauner Zucker
- 2 TL Hefe
- Mahlzeit mit Getreide
- 1 Ei, vermischt mit 1 EL Wasser
- 3/4 C. heißes Wasser

ANWEISUNGEN:
a) Geben Sie Wasser, Salz, Mehl, braunen Zucker und Hefe in eine Brotmaschine.
b) Drücken Sie die Teig-/Manuell-Taste.
c) Anschließend den Teig zu einem länglichen Brotlaib formen. Legen Sie es auf ein Backblech.
d) Streuen Sie das Maismehl darüber. 12 Min. ruhen lassen. Mit einem Messer vier flache Schnitte oben auf dem Laib machen.
e) Bevor Sie etwas unternehmen, heizen Sie den Ofen auf 400 F vor.
f) Bestreichen Sie es mit der Ei-Wasser-Mischung. Stellen Sie es in die Mitte des Ofens.
g) Füllen Sie eine Backform mit heißem Wasser. Legen Sie es auf die unterste Schiene im Ofen unter den Brotlaib.
h) Lassen Sie das Brot 32 Minuten lang backen. Lassen Sie es vollständig abkühlen und servieren Sie es dann.
i) Genießen.

16. **Einfaches Pan Dulce (spanisches süßes Brot)**

Ergibt: 12 Portionen

ZUTATEN:
- 1 Packung Aktive Trockenhefe
- ½ Tasse lauwarmes Wasser
- ½ Tasse Kristallzucker PLUS
- 1 Esslöffel Kristallzucker
- 1 Teelöffel Salz
- 3½ Tasse Mehl; geteilt
- 2 Esslöffel Gemüsefett
- 2 Eier; geschlagen
- ½ Tasse Kristallzucker
- ¼ Tasse Gemüsefett
- ¼ Teelöffel Salz
- 1 Teelöffel gemahlener Zimt
- 1 Eigelb
- ⅔ Tasse Mehl

ANWEISUNGEN:

a) Hefe, Wasser, 1 Esslöffel Zucker und Salz verrühren, bis sich die Hefe auflöst und Blasen bildet. 1-¾ Tassen Mehl hinzufügen und gut verrühren. Abdecken und an einem leicht warmen Ort etwa 45 bis 50 Minuten stehen lassen, bis sich die Masse verdoppelt hat.

b) Das Backfett und die restliche halbe Tasse Zucker schaumig schlagen. Eier unterrühren. Zusammen mit dem restlichen Mehl zum aufgegangenen Teig geben und gut verrühren.

c) Abdecken und erneut etwa 1 Stunde gehen lassen, bis sich die Menge verdoppelt hat. Auf einem bemehlten Brett ausrollen. Teilen Sie den Teig in 12 gleich große Stücke und formen Sie jedes Stück zu einem runden, flachen Brötchen mit einem Durchmesser von etwa 10 cm.

d) Brötchen auf gefettetes Backblech legen. Den Belag auf jedem Brötchen verteilen. Abdecken und etwa 50 bis 60 Minuten gehen lassen, bis sich die Masse verdoppelt hat.

e) Heizen Sie den Ofen auf 400 Grad F vor. Backen Sie die Brötchen etwa 15 Minuten lang oder bis die Ränder goldbraun sind.

f) BElag: Zucker, Backfett, Salz und Zimt cremig rühren und gut vermischen. Eigelb und Mehl hinzufügen. Rühren, bis es krümelig ist.

KROKETTEN

17. **Kartoffel-Croquetas**

Macht: 3

ZUTATEN:
- 4 Eier
- 2 EL. Milch
- 2 EL. Salz
- 3 Tassen Kartoffeln (gekocht und püriert)
- 1 Tasse Mehl (Allzweckmehl)

ANWEISUNGEN:
a) Das Kartoffelpüree in eine Schüssel geben. Eigelb von zwei Eiern, Butter, Käse, geriebenen Speck, Milch und Petersilie zum Kartoffelpüree geben. Gründlich mischen.
b) Die restlichen 2 Eier in einer kleinen Schüssel aufschlagen und verquirlen. Salz und gemahlenen Pfeffer in eine andere Schüssel geben. Mehl in eine größere Schüssel geben. Zum Schluss die Semmelbrösel in eine Schüssel geben.
c) Formen Sie die Mischung in der ersten Schüssel (Kartoffelpüree und andere) zu einer Golfball-ähnlichen Form.
d) Rollen Sie die Kugeln im Mehl, in den verquirlten Eiern, in der Salz-Pfeffer-Mischung und den Semmelbröseln, bis sie bedeckt sind. Machen Sie dies nacheinander für alle Kugeln.
e) Das Erdnussöl in eine Bratpfanne geben. Auf etwa 350 F erhitzen.
f) Jede Kugel in der Pfanne goldbraun braten.
g) Aufschlag.

18. **Croquetas de Jamón**

Ergibt: 18 (3 Zoll) Croquetas

ZUTATEN:
FÜR DEN „TEIG"
- 2 EL ungesalzene Butter
- 1 EL Olivenöl
- Knapp 1/2 Tasse ungebleichtes Allzweckmehl
- 2 c Milch, bei Zimmertemperatur
- ¼ Pfund Schinken, in kleine Stücke gewürfelt
- Prise Muskatnuss
- Salz (nach Geschmack – nur erforderlich, wenn Ihr Schinken nicht zu salzig ist)

ZUM PANIEREN DER KROKETTEN
- 1 Ei, leicht geschlagen
- ½ - ¾ c Semmelbrösel
- Braten
- Öl zum braten

ANWEISUNGEN:
UM DIE FÜLLUNG ZUBEREITEN

a) Butter und Öl in einer mittelgroßen Bratpfanne bei mittlerer Hitze schmelzen.

b) Fügen Sie das Mehl hinzu und rühren Sie um, um es vollständig zu befeuchten. Das Mehl 2-3 Minuten anbraten, bis es eine hellbraune Farbe annimmt.

c) Fügen Sie die Milch nach und nach hinzu und rühren Sie dabei ständig um, bis Sie alles hinzugefügt haben. (Zuerst sieht es so aus, als ob Sie keine glatte Soße bekommen würden, aber bearbeiten Sie die Soße weiter mit einem Gummispatel, indem Sie nach und nach etwas Milch hinzufügen und sie wird glatter.) Reduzieren Sie die Hitze auf mittlere Stufe niedrig nach Bedarf, wenn Ihre Milch zu verbrühen scheint, bevor Sie sie in die Mehlschwitze mischen können.

d) Erhitzen Sie die Mischung nach Bedarf weiter, bis sie cremig, dick und glatt ist.

e) Den gewürfelten Schinken und die Muskatnuss dazugeben. Gut mischen.

f) Probieren Sie Ihre Mischung und fügen Sie nach Bedarf Salz hinzu.

g) Nehmen Sie Ihre Mischung vom Herd und lassen Sie sie leicht abkühlen

h) Den Croqueta-Teig in eine Auflaufform geben und mit Plastikfolie (oder einem Deckel) abdecken. Den Teig über Nacht kühl stellen.

FORM DER KROKETTEN

i) Das geschlagene Ei in eine flache Schüssel geben. Die Semmelbrösel in eine zweite, breite Schüssel geben.

j) Aus jeweils etwa 2 EL Teig kleine, dicke Daumen formen.

k) Tauchen Sie jede Croqueta einzeln in das geschlagene Ei und wenden Sie sie, um sie zu bestreichen.

l) Dann in den Semmelbröseln wälzen und andrücken, bis es bedeckt ist.

m) Die panierten Kroketten auf ein mit Backpapier ausgelegtes Backblech legen. Sobald alle Kroketten paniert sind, legen Sie Ihr Backblech für 10–15 Minuten in den Gefrierschrank, damit sie etwas fester werden.

n) Beim sofortigen Kochen

o) An diesem Punkt können Sie ½ Zoll Pflanzenöl bei mittlerer Hitze in einer flachen Pfanne erhitzen.

p) Braten Sie Ihre gekühlten Croquetas portionsweise 1-2 Minuten auf jeder Seite, bis sie goldbraun sind. Achten Sie dabei darauf, dass das Öl nicht überläuft.

q) Nehmen Sie die Croquetas aus der Pfanne und legen Sie sie zum etwas Abkühlen auf eine mit Küchenpapier ausgelegte Platte.

r) Warm servieren!

19. Gebackene Lachs-Croquetas

Ergibt: 6 Portionen

ZUTATEN:
- 2 Esslöffel Butter; aufgeweicht
- 1½ Pfund frischer Lachs; gekocht und in Flocken geschnitten, um etwa 3 Tassen zu ergeben
- 2 Tassen frische Semmelbrösel; Hergestellt aus 2 EL hochwertigem Weißbrot, Kruste entfernt
- 1 Esslöffel Frühlingszwiebeln, nur weiß; gehackt
- 1 Esslöffel frischer Dill; geschnippelt
- ½ Zitrone; Schale, gerieben
- 1 Ei
- 1 Tasse Sahne
- ½ Teelöffel Salz
- Schwarzer Pfeffer
- Cayennepfeffer
- ½ Tasse Sauerrahm
- Kaviar
- Zitronenscheiben

ANWEISUNGEN:

a) Den Backofen auf 350°C vorheizen. Fetten Sie 6 einzelne Auflaufförmchen oder Puddingförmchen gründlich mit 1 EL Butter ein. Die Lachsflocken in eine Schüssel geben.

b) Fügen Sie ¾ Tasse Semmelbrösel, Frühlingszwiebel, Dill, Zitronenschale, Ei und Sahne hinzu. Vorsichtig mit einer Gabel vermischen. Mit Salz, Pfeffer und Cayennepfeffer würzen.

c) Verteilen Sie die Mischung auf die mit Butter bestrichenen Tassen und füllen Sie sie leicht ein. Die Croquetas mit der restlichen ¼ Tasse Semmelbrösel belegen.

d) Mit dem restlichen Esslöffel Butter beträufeln.

e) Ordnen Sie die Tassen in einem Bräter an. Gießen Sie so viel heißes Wasser ein, dass es bis zur Hälfte der Ränder der Auflaufförmchen reicht. Etwa 30 Minuten lang backen, bis es einigermaßen fest und fest ist.

f) 5 bis 10 Minuten abkühlen lassen. Die Croquetas können mit der rechten Seite nach oben aus der Form genommen oder in den Auflaufförmchen serviert werden.

g) Belegen Sie jede Krokette mit Sauerrahm und Kaviar oder garnieren Sie sie einfach mit Zitrone.

20. Austern-Croquetas

Ergibt: 24 Portionen

ZUTATEN:
- ¼ Tasse Butter
- ¼ Tasse Allzweckmehl
- 1 Tasse Milch
- Salz
- Frisch gemahlener Pfeffer
- 3 Esslöffel Butter
- 4 Gehackte Schalotte
- 1 Pfund gehackte Pilze
- 24 Austern geschält und trocken getupft
- (zum Frittieren) Pflanzenöl
- 3 Ei
- Allzweckmehl
- 4 Tassen frische Semmelbrösel
- Brunnenkresse
- Zitronenspalten

ANWEISUNGEN:

a) ¼ Tasse Butter in einem schweren mittelgroßen Topf bei schwacher Hitze schmelzen.

b) ¼ Tasse Mehl einrühren und 3 Minuten rühren. Milch einrühren und zum Kochen bringen. Hitze reduzieren und 5 Minuten köcheln lassen, dabei gelegentlich umrühren. Mit Salz und Pfeffer würzen.

c) 3 Esslöffel Butter in einer schweren, mittelgroßen Pfanne bei mittlerer bis niedriger Hitze schmelzen. Schalotten dazugeben und unter gelegentlichem Rühren etwa 5 Minuten kochen, bis sie weich sind. Pilze hinzufügen, die Hitze erhöhen und unter gelegentlichem Rühren ca. 10 Minuten kochen, bis die gesamte Flüssigkeit verdampft ist. Mit Salz und Pfeffer würzen. Pilzmischung in die Soße einrühren. Cool.

d) Die Pfanne bei mittlerer bis hoher Hitze erhitzen. Austern hinzufügen und 2 Minuten schwenken.

e) Cool.

f) Öl auf 425 Grad erhitzen. in der Fritteuse oder einem schweren großen Topf. Eier verquirlen und mit 1 Esslöffel Pflanzenöl vermischen. Die Soße um jede Auster legen und eine Zigarrenform bilden. Mehl hineingeben, überschüssiges Mehl abschütteln. In die Eimischung eintauchen. Semmelbrösel hineinrollen. Portionsweise etwa 4 Minuten goldbraun braten. Mit einem Schaumlöffel herausnehmen und auf Papiertüchern abtropfen lassen.

g) Croquetas auf Tellern anrichten. Mit Brunnenkresse und Zitrone garnieren.

21. Reis-Croquetas

Ergibt: 1 Portionen

ZUTATEN:
- ½ Tasse gehackte Zwiebel
- 2 Esslöffel Butter
- 1 Tasse ungekochter Langkornreis
- 2¼ Tasse Hühnerbrühe
- 2 Esslöffel gehackte frische Petersilie
- 1 Ei, leicht geschlagen
- ½ Tasse geriebener Parmesankäse
- 1 Teelöffel getrocknetes Basilikum
- ¼ Teelöffel Pfeffer
- ½ Tasse trockene Semmelbrösel
- Speiseöl
- Zusätzliche frische Petersilie, optional

ANWEISUNGEN:

a) In einem großen Topf die Zwiebeln in Butter anbraten, bis sie weich sind. Reis hinzufügen; 3 Minuten anbraten.

b) Brühe und Petersilie einrühren; zum Kochen bringen. Hitze reduzieren; abdecken und 20 Minuten köcheln lassen. 30 Minuten abkühlen lassen. Ei, Käse, Basilikum und Pfeffer unterrühren.

c) Befeuchten Sie die Hände mit Wasser und formen Sie ¼ Tasse zu Würfeln.

d) In Krümeln wälzen. In einer Elektropfanne ¼ Zoll Öl auf 365°C erhitzen. Croquetas nacheinander 3–4 Minuten braten, bis sie knusprig und goldbraun sind, dabei häufig wenden.

e) Auf Papiertüchern abtropfen lassen. Nach Belieben mit Petersilie garnieren.

22. Quinoa/Kartoffel-Croquetas

Ergibt: 1 Portionen

ZUTATEN:
- 2 Tassen Kartoffeln, gekocht – püriert
- Mit Fellen
- 2 Tassen Quinoa, gekocht (die Basis
- Rezept)
- (1 Tasse Getreide, 2 c Wasser –
- 15 Minuten kochen)
- 2 Eier
- Subst
- ½ Tasse Zwiebel – gehackt
- ¼ Tasse Petersilie – gehackt
- ½ Teelöffel Salz
- ½ Teelöffel Kreuzkümmel
- ½ Teelöffel Oregano
- Geschlagen – oder 1/2 Tasse Ei

ANWEISUNGEN:

a)   Alle Zutaten vermischen. Gut vermischen und zu 2,5 cm großen Kugeln formen.

b)   Frittieren, bis es goldbraun ist.

23. Fleisch-Croquetas

Ergibt: 8 Portionen

ZUTATEN:
- 2 Tassen gekochtes Hackfleisch
- Salz und Pfeffer
- 2 Esslöffel Wasser
- 1 Tasse dicke weiße Soße
- Sellerie Salz
- 1 Ei, leicht geschlagen

ANWEISUNGEN:
a) Fleisch und weiße Soße vermischen. Nach Geschmack würzen. Gründlich mischen.
b) Cool. Formen Sie Kugeln, Kegel oder Zylinder. In Krümeln wälzen. In tiefem Fett (385F) braten, bis es braun ist.
c) Auf zerknittertem, saugfähigem Papier abtropfen lassen. 8 Portionen.

SPANISCHER FRANZÖSISCHER TOAST

24. **Einfache Torrijas**

Ergibt: 10 Scheiben

ZUTATEN:
- 4 große Eier
- 1 Liter (etwa ein Viertel) Vollmilch
- 1 Tasse Zucker (200g)
- 2 Teelöffel Zimt
- 3 Esslöffel Honig
- Extra natives Olivenöl (gute Qualität)
- 1 Streifen Zitronenschale
- 1 Streifen Orangenschale
- 1 Teelöffel Kardamomsamen (optional)
- 1 Sternanis (optional)
- Eine dicke Tafel leicht altbackenes spanisches Brot oder ein anderes Brot Ihrer Wahl. Verwenden Sie das, was Sie normalerweise für die Zubereitung eines dicken spanischen Toasts verwenden würden.

ANWEISUNGEN:

a) Milch, ½ Tasse Zucker, Zitronen- und Orangenschale sowie Gewürze (Kardamomsamen und Sternanis) langsam köcheln lassen.

b) Das Brot in dicke Scheiben schneiden.

c) Wenn die Milchmischung etwa 15 Minuten lang köchelt, den Herd ausschalten und die Brotscheiben in dieser Mischung einweichen. Achten Sie darauf, sie nicht vollständig zu durchnässen, bis sie auseinanderbrechen, sondern versuchen Sie, so viel Milch wie möglich aufzunehmen.

d) Lassen Sie die nassen Brotscheiben ruhen und abkühlen (dabei kann etwas Flüssigkeit verloren gehen).

e) Schlagen Sie die Eier in einer flachen Schüssel auf und tauchen Sie die Brotscheiben in die Eimischung. In der Zwischenzeit etwa einen Zentimeter Olivenöl in einer tiefen, schweren Pfanne bei mittlerer bis hoher Hitze erhitzen.

f) Braten Sie die Scheiben zu zweit an und wenden Sie sie zur Hälfte um, damit beide Seiten schön knusprig sind.

g) Lassen Sie die Torrijas auf Papiertüchern ruhen, um überschüssiges Öl aufzusaugen. In einer anderen Schüssel den restlichen Zucker (1/2 Tasse) mit dem Zimt vermischen.

h) Die Scheiben mit der Zimt-Zucker-Mischung bedecken und aufbewahren.

i) Zum Schluss den Sirup herstellen. Den restlichen Zimt und Zucker vom Überzug der Torrijas nehmen und in einen mittelgroßen Topf geben. Bei Bedarf noch etwas Zucker hinzufügen, bis der Topfboden vollständig bedeckt ist.

j) 2 Tassen warmes Wasser zum Zucker geben und zum Kochen bringen.

k) Fügen Sie den Honig hinzu (Sie können je nach Vorliebe mehr oder weniger hinzufügen).

l) Lassen Sie den Sirup etwa 30 Minuten köcheln, bis eine sirupartige Konsistenz entsteht. Es wird kein sehr dicker Sirup sein, aber er sollte nicht zu wässrig sein.

m) Nehmen Sie den Sirup vom Herd und löffeln Sie ihn nach etwa 15 Minuten über den Spanish Toast. Die Torrijas sollten vollständig im Sirup eingeweicht sein. Lassen Sie sie vollständig abkühlen, bevor Sie sie in den Kühlschrank stellen.

n) Die Torrijas mindestens 4 Stunden, am besten aber über Nacht, im Kühlschrank lagern.

o) Für beste Qualität innerhalb von zwei bis drei Tagen genießen! (Ich bezweifle, dass sie sowieso so lange halten!)

25. **Mit Zucker überzogene Torrijas**

Ergibt: 4-6 Portionen

ZUTATEN:
- 500 Milliliter Milch
- 1 kleine Zimtstange
- 100 Gramm Zucker
- 1 französisches Brot, in dicke Scheiben geschnitten
- 2 Eier, geschlagen
- 100 Milliliter Olivenöl
- 1 Esslöffel Puderzucker
- 1 Teelöffel gemahlener Zimt

ANWEISUNGEN:
a) Milch, Zimtstange und Zucker aufkochen. Werfen Sie die Zimtstange weg und gießen Sie die Milch über die Brotscheiben. Achten Sie darauf, dass diese gut durchnässt sind. Die Brotscheiben in geschlagenes Ei tauchen.

b) Das Öl erhitzen und das Brot auf beiden Seiten goldbraun braten, dann auf einem Kuchengitter abtropfen lassen. Puderzucker und Zimt mischen und die Torrijas vor dem Servieren im Gewürzzucker wälzen.

26. Honeybee Torrijas

Ergibt: 1 Portionen

ZUTATEN:
- 8 Scheiben Brot vom Vortag
- ¼ Liter frische Milch
- 1 Zweig Zimt
- Ein bisschen Vanille
- 1 Glas voll Honigbiene
- ¼ Liter Olivenöl
- 4 Löffel Zucker
- 4 Eier

ANWEISUNGEN:
a) In Milch und Eiern eingelegte und fritierte Brotscheibe.
b) Milch mit Zucker, Zimt und Vanille aufkochen.
c) Nehmen Sie die Milch ab und lassen Sie sie etwas kalt.
d) Legen Sie die Brotscheiben auf die Milch, lassen Sie sie eine Weile stehen und achten Sie darauf, dass sie nicht zerbrechen.
e) Eier schütteln, Öl erhitzen.
f) Die Brotscheiben auf die Eier legen, gut abtropfen lassen und im Öl anbraten.
g) Servieren Sie sie mit der Honigbiene bedecken. Ich hoffe, es ist klar, entschuldigen Sie die Übersetzung. Ich wünsche Ihnen einen schönen Tag auf den Kanarischen Inseln, Pedro

SPANISCHE CHURROS

27. Einfache Churros

Ergibt: 24 Portionen

ZUTATEN:
- ¼ Tasse Butter oder Margarine,
- In kleine Stücke schneiden
- ⅛ Teelöffel Salz
- 1¼ Tasse Allzweckmehl, gesiebt
- 3 Eier
- ¼ Teelöffel Vanilleextrakt
- Salatöl zum Frittieren
- ½ Teelöffel Zimt
- ½ Tasse) Zucker

ANWEISUNGEN:

a) In einem mittelgroßen Topf Butter mit ½ Tasse Wasser vermischen. Bei schwacher Hitze rühren, bis die Butter geschmolzen ist. Kurz zum Kochen bringen; Salz hinzufügen und vom Herd nehmen.

b) Mehl auf einmal hinzufügen; Mit einem Holzlöffel sehr kräftig schlagen. Bei schwacher Hitze etwa 2 Minuten lang schlagen, bis eine sehr glatte Masse entsteht. Vom Herd nehmen; etwas abkühlen lassen. Eier einzeln unterrühren und nach jeder Zugabe gut verrühren. Vanille hinzufügen.

c) Weiter schlagen, bis die Mischung einen satinartigen Glanz hat.

d) In der Zwischenzeit in einer tiefen Pfanne oder Fritteuse das Salatöl (mindestens 3,5 cm) auf dem Frittierthermometer langsam auf 160 °C erhitzen. Drücken Sie die Donut-Mischung durch einen großen Spritzbeutel mit einer großen, geriffelten Spitze und einer Breite von ½ Zoll. Schneiden Sie den Teig mit einer nassen Schere in 5 cm lange Stücke, während er in heißes Öl fällt.

e) Nach und nach jeweils 2 Minuten auf jeder Seite frittieren, bis sie goldbraun sind. Mit einem Schaumlöffel herausheben; Auf Küchenpapier gut abtropfen lassen.

f) In der Zwischenzeit Zimt und Zucker in einer mittelgroßen Schüssel vermischen. Die abgetropften Donuts in der Zuckermischung wenden, damit sie gut bedeckt sind. Warm servieren.

28. Zimt-Churros

Ergibt: 12 Portionen

ZUTATEN:
- ¼ Tasse Butter
- 1 Tasse Zucker
- 1 Esslöffel Zucker
- ½ Tasse weißes Maismehl
- ½ Tasse Mehl
- Je 3 große Eier
- 2 Teelöffel Zimt

ANWEISUNGEN:
a) In einem mittelgroßen Topf Butter mit 1 Esslöffel Zucker, ½ Teelöffel Salz und 1 Tasse Wasser zum Kochen bringen. Pfanne vom Herd nehmen; Fügen Sie sofort Maismehl und Mehl auf einmal hinzu. über niedriger Hitze,
b) Die Mischung unter ständigem Rühren etwa 1 Minute lang kochen, bis der Teig eine Kugel bildet. Eier nacheinander unterrühren und nach jeder Zugabe kräftig schlagen, bis der Teig glatt ist. Backblech mit Papiertüchern auslegen.
c) In einer Papiertüte oder einer großen Schüssel den restlichen Zucker mit Zimt vermischen. Erhitzen Sie in einer tiefen, schweren Pfanne oder einem Schmortopf 7,6 cm Salatöl auf 180 °C. Den Teig in einen Spritzbeutel mit 6er-Spitze füllen. 5 Zoll lange Teigstücke in das heiße Öl spritzen.
d) Auf beiden Seiten braten, bis es gebräunt ist, etwa 1½ Minuten pro Seite. Mit einem Schaumlöffel die Churros aus dem Öl nehmen und auf ein Backblech legen. Noch heiß in den Beutel geben und mit der Zimt-Zucker-Mischung bestreichen. sofort servieren.

29. Churros und Schokolade

Ergibt: 4 Portionen

ZUTATEN:
- 2 Tassen Mehl
- 2 Esslöffel Zucker
- 1 Teelöffel Zimt
- 3 Tassen Wasser
- ¼ Tasse natives Olivenöl extra plus
- 3 Tassen
- ½ Tasse Superfeiner Zucker

ANWEISUNGEN:
a) Mehl, Zucker und Zimt in einer großen Rührschüssel verrühren. Wasser in einen 6-Liter-Topf geben, ¼ Tasse Öl hinzufügen und schnell zum Kochen bringen. Die Mehlmischung auf einmal in den Topf geben, vom Herd nehmen und glatt rühren. Mit Plastikfolie abdecken und ½ Stunde abkühlen lassen.
b) Öl auf 375 Grad F erhitzen.
c) Geben Sie den Teig in einen Spritzbeutel mit einer großen 6- bis 8-Punkt-Tülle und spritzen Sie 6 Zoll lange Stücke in heißes Öl. Auf beiden Seiten goldbraun braten.
d) Herausnehmen, auf Küchenpapier abtropfen lassen und noch warm mit feinstem Zucker bestäuben.

30. **Kochbananen-Churros**

Ergibt: 6 Portionen

ZUTATEN:
- 3 Kochbananen – geschält
- Zitronensaft
- 4 Eier
- ¼ Tasse Mehl
- ½ Teelöffel Salz

ANWEISUNGEN:
a) Die Bananen schälen und der Länge nach teilen. Jedes Stück halbieren und in Zitronensaft tauchen.
b) Um den Teig zuzubereiten, schlagen Sie das Eigelb, bis es dick und hell ist.
c) Mehl und Salz hinzufügen.
d) Eiweiß steif schlagen, nicht trocken, und unter das Eigelb heben.
e) Geben Sie die abgetropften Bananenstücke nacheinander in den Teig.
f) Mit einem Schaumlöffel aufnehmen und vorsichtig in das heiße Öl einer schweren Pfanne gleiten lassen (Öl etwa 2,5 cm tief).
g) Bei mittlerer Hitze kochen, dabei fast sofort wenden. Auf beiden Seiten bräunen lassen.
h) Auf Küchenpapier abtropfen lassen.

31. Spanische Churros aus rotem Samt

ZUTATEN:
- 1 Tasse Wasser
- 1/4 Tasse ungesalzene Butter
- 1 EL Kristallzucker
- 1/4 TL Salz
- 1 Tasse Allzweckmehl
- 1 großes Ei
- Pflanzenöl zum Braten
- Zum Beschichten
- 1/2 Tasse Kristallzucker
- 3/4 TL gemahlener Zimt

ANWEISUNGEN:

a) Mehl, Salz und Mehl in eine Schüssel geben und verrühren
b) Butter in die Pfanne geben und schmelzen lassen, Wasser hinzufügen und kochen lassen
c) Rote Lebensmittelfarbe hinzufügen. Die Mehlmischung hinzufügen
d) Fügen Sie Mehl hinzu, reduzieren Sie die Hitze auf mittlere Stufe und kochen Sie es unter ständigem Rühren mit einem Holzlöffel, bis sich die Mischung zu verbinden beginnt
e) Die Hälfte des geschlagenen Ei hinzufügen und verrühren, bis alles gut vermischt ist
f) Die restlichen geschlagenen Eier hinzufügen und verrühren, bis alles glatt und gut vermischt ist
g) Idealerweise verwenden Sie einen Spritzbeutel mit Starttülle, um authentische spanische Churros zuzubereiten. Da ich keinen Spritzbeutel hatte, habe ich am Ende mit einem Plastikstück improvisiert. Benutzen Sie ein Glas und legen Sie den Spritzbeutel hinein. Geben Sie den Teig in den Beutel, bis er gefüllt ist
h) Den Teig in erhitztes Öl geben. Verwenden Sie eine Kochschere, um die gewünschte Länge zuzuschneiden
i) Mehrere Churros-Teige in das Öl geben und goldbraun und knusprig backen. Zucker in die Pfanne geben, Zimt dazugeben und gründlich vermischen
j) Tauchen Sie die Churros in die Zucker-Zimt-Mischung und rollen Sie sie, bis sie gleichmäßig bedeckt sind
k) Außen knusprig und innen herrlich weich

32. <u>**San Diablo Artisan Churros**</u>

Ergibt: 8 Portionen

ZUTATEN:
- 1 Tasse Wasser
- 2 Unzen. ungesalzene Butter
- 1 Tasse hochwertiges Bäckermehl
- 3/4 TL. Salz
- 1 großes Ei
- 1 Teelöffel Vanille

ANWEISUNGEN:
a) Wasser und Butter in einen Topf geben und zum Kochen bringen, dabei darauf achten, dass die Butter vollständig geschmolzen ist.
b) Mehl und Salz mit Wasser/Butter in den Topf geben, auf dem Herd stehen lassen und kräftig vermischen, bis keine Mehlklumpen mehr vorhanden sind und der Teig einer Kugel ähnelt. Wärme abziehen.
c) Geben Sie den heißen Teig in Ihre Standard-Rührschüssel, vermischen Sie ihn mit dem Rühraufsatz auf niedriger Stufe und lassen Sie den Dampf entweichen und den Teig kneten.
d) Während der Teig Dampf ablässt, Ei und Vanille in einer separaten Schüssel vermischen.
e) Geben Sie die Eimischung zum Teig und beschleunigen Sie den Mixer.
f) Wenn der Teig zu stark an den Seiten des Mixers klebt: Stoppen Sie den Mixer, kratzen Sie die Seiten ab und rühren Sie den Mixer um. Wiederholen Sie den Vorgang, bis der Teig glatt ist und eine spielteigartige Konsistenz hat.
g) Den Teig etwa 10 Minuten lang im Kühlschrank abkühlen lassen.
h) Sobald der Teig abgekühlt ist, können Sie köstliche Churros zubereiten! Geben Sie den Teig in Ihren San Diablo Churro Maker oder Spritzbeutel und bewahren Sie ihn für später im Kühlschrank auf.
i) Erhitzen Sie das Öl in der Fritteuse oder Pfanne auf 190 °C (375 °F) mit etwa 5 cm Öl.

j) Wir empfehlen Rapsöl wegen seines neutralen Geschmacks. Dadurch wird die Außenseite der Churros knusprig und die Innenseite zergeht auf der Zunge. Experimentieren Sie ruhig mit anderen Ölen, die Ihnen vielleicht besser gefallen oder besser zu Ihren Ernährungsvorlieben passen.

k) Drehen Sie den Knopf Ihres San Diablo Churro-Makers langsam nach unten, um den Churro-Teig durch die Düse zu drücken. Oder spritzen Sie den Churro-Teig durch Ihren Spritzbeutel. Nachdem Sie die gewünschte Menge Churro-Teig durch die Düse gedrückt haben, schneiden Sie ihn mit einem Buttermesser oder Ihrem Finger ab.

l) Geben Sie jeden rohen Churro vorsichtig in das heiße Öl. Bitte seien Sie vorsichtig! Um heiße Ölspritzer zu vermeiden, empfehlen wir auf jeden Fall, den Churro Maker senkrecht über die Oberfläche des heißen Öls zu halten (aber nicht zu nah).

m) Beobachten Sie, wie die Churros im heißen Öl braten und bei Bedarf mit einer Metallzange drehen, bis das gesamte Churro die ideale goldbraune Knusprigkeit erreicht (normalerweise 3–4 Minuten).

n) Nehmen Sie Ihre heißen, frischen Churro-Kunstwerke mit einer Metallzange aus dem heißen Öl oder der Heißluftfritteuse und kühlen Sie sie auf dem vorbereiteten Teller ab.

o) Nachdem Ihre Churros etwas abgekühlt, aber noch warm sind, bestäuben Sie sie mit der gewünschten Menge des typischen Zimtzuckers von San Diablo.

p) Füllen Sie nach Herzenslust mit einer Quetschflasche oder einer der wiederverwendbaren Füllflaschen von San Diablo mit Dulce de Leche, Nutella oder Sweet Cream.

33. Gebackene Churros

ZUTATEN:
- 1 Tasse (8oz/225g) Wasser
- 1/2 Tasse (4oz/113g) Butter
- 1/2 TL Vanilleextrakt
- 2 Esslöffel Zucker
- 1/4 TL Salz
- 143 g einfaches Mehl/Allzweckmehl
- 3 Eier (Zimmertemperatur)

ANWEISUNGEN:

a) Den Ofen auf 200 °C (400 °F) vorheizen. Line-Pergamentpapier; beiseite legen.

b) In einen mittelgroßen Topf Wasser, Zucker, Salz und Butter geben.

c) Bei mittlerer bis hoher Hitze platzieren.

d) Erhitzen, bis die Butter geschmolzen ist und die Mischung zu köcheln beginnt.

e) Sobald es köchelt, das Mehl unterrühren.

f) So lange verrühren, bis keine Mehlklumpen mehr vorhanden sind und sich eine Teigkugel gebildet hat.

g) Nun rühren Sie den Teig mit einem Holzlöffel in Ihrem Topf um und kochen ihn etwa eine Minute lang bei NIEDRIGER Hitze.

h) Die Mischung verklumpt und löst sich von den Seiten

i) Fügen Sie mit Ihrem Holzlöffel etwas von Ihrer Eimischung in Ihren Teig ein. Rühren und zerstampfen, dabei den Teig auflockern, bis er sich löst. Gut umrühren, bis die Eier eingearbeitet sind und die Mischung wie Kartoffelpüree aussieht.

j) Fügen Sie weiterhin Ihre Eier hinzu, bis alles gut vermischt ist

k) Tun Sie dies, indem Sie Druck auf den Beutel ausüben und die Paspel langsam mit einer Schere abschneiden.

l) Lassen Sie zwischen den Churros etwa 5 cm Platz.

m) Etwa 18–22 Minuten backen oder bis es goldbraun ist.

n) DANN schalten Sie den Ofen aus und lassen Sie sie 10 Minuten darin, damit sie etwas trocknen. Dieser Schritt hilft ihnen, ihre Form zu behalten und nach dem Abkühlen nicht flach zu werden.

o) Machen Sie es einfach eine Minute lang :), nehmen Sie es dann vom Herd und stellen Sie es beiseite.

p) In einem Krug Eier und Vanille vermischen und verrühren.

q) Den Teig in einen Spritzbeutel mit Sterntülle füllen.

r) Den Teig in lange Churros auf die mit Backpapier bedeckten Formen spritzen. Stellen Sie sicher, dass Sie sie schön dick aufspritzen.

s) Zucker, Zimt und Salz in einem Beutel mit Reißverschluss vermischen.

t) Nehmen Sie die Churros direkt aus dem Ofen und schwenken Sie sie in der Mischung, bis sie gut bedeckt sind. Dies geschieht am besten, wenn die Churros warm und frisch aus dem Ofen kommen.

u) Genießen Sie Ihre hausgemachten Churros

Spanisches Maisbrot

34. Buttermilch-Maisbrot aus einer Gusseisenpfanne

Ergibt: 1 10-Zoll-Runde

ZUTATEN:
- 1 Tasse weißes Maismehl
- ½ Tasse gelbes Maismehl
- ½ Tasse Allzweckmehl
- 4 Teelöffel Backpulver
- 1 Teelöffel Salz
- 1 Tasse Buttermilch
- 2 Esslöffel Schmalz
- 2 Esslöffel Pflanzenöl
- 1 großes Ei
- 1 Teelöffel Butter oder nach Bedarf
- 1 Prise Paprika
- 1 Prise koscheres Salz

ANWEISUNGEN:

a) Stellen Sie eine gusseiserne Pfanne in den Ofen und heizen Sie sie auf 230 °C (450 °F) vor.

b) Weißes Maismehl, gelbes Maismehl, Mehl, Backpulver und Salz in einer großen Schüssel vermischen. Buttermilch, Schmalz und Pflanzenöl hinzufügen; Rühren Sie den Willen um, um zu kombinieren. Ei unterrühren, bis ein glatter Teig entsteht.

c) Nehmen Sie die heiße Gusseisenpfanne aus dem Ofen, schmelzen Sie die Butter in der Pfanne und gießen Sie dann den Teig hinein. Mit Paprika und koscherem Salz bestreuen. Bringen Sie die Pfanne wieder in den Ofen.

d) Reduzieren Sie die Temperatur auf 220 °C (425 °F) und backen Sie das Maisbrot etwa 15 Minuten lang, bis es goldbraun ist und sich vom Rand der Pfanne löst.

e) Aus dem Ofen nehmen und etwas abkühlen lassen, etwa 5 Minuten. In Spalten schneiden.

35. Maisbrot aus der Pfanne

Ergibt: 8 Portionen

ZUTATEN:
- 1 ¼ Tassen Milch
- 1 Tasse Maismehl
- 1 Tasse Allzweckmehl
- 4 Teelöffel Backpulver
- ¾ Teelöffel koscheres Salz
- 2 große Eier, geschlagen
- ¼ Tasse ungesalzene Butter, geschmolzen
- 1 Esslöffel Pflanzenöl

ANWEISUNGEN:
a) Den Ofen auf 220 °C (425 °F) vorheizen. Stellen Sie eine 9-Zoll-Gusseisenpfanne in den Ofen, um sie zu erwärmen.
b) Milch und Maismehl in einer kleinen Schüssel vermischen und 10 Minuten einweichen lassen.
c) Mehl, Backpulver und Salz zusammen in einer Rührschüssel sieben. Maismehlmischung, Eier und Butter etwa 1 Minute lang unter die Mehlmischung schlagen, bis ein glatter Teig entsteht.
d) Pfanne aus dem Ofen nehmen. Pflanzenöl in der Pfanne schwenken, um es zu beschichten; Überschuss abgießen.
e) Teig in die Pfanne gießen.
f) Im vorgeheizten Ofen backen, bis ein Zahnstocher in der Mitte sauber herauskommt, 18 bis 23 Minuten. Zum Servieren in Spalten schneiden.

36. Echtes spanisches Maisbrot

Ergibt: 12 Portionen

ZUTATEN:
- 2 Tassen Maismehl
- 2 Tassen Allzweckmehl
- ½ Teelöffel Salz
- 2 Esslöffel Backpulver
- 2 große Eier
- 1 Tasse Margarine, geschmolzen
- 4 Tassen Buttermilch
- ¼ Tasse Maisöl

ANWEISUNGEN:
a) In einer großen Schüssel Maismehl, Mehl, Salz und Backpulver vermischen.
b) In einer separaten Schüssel Eier, Butter und Buttermilch vermischen. Zu den trockenen Zutaten hinzufügen und verrühren, bis alles gut vermischt ist.
c) Erhitzen Sie eine trockene Gusseisenpfanne mit einem Durchmesser von 30 cm bei starker Hitze 2 Minuten lang. Geben Sie Maisöl in die Pfanne und schwenken Sie das Öl herum, um den Boden und die Seiten zu bedecken. Restliches Öl in der Pfanne belassen. 1 Minute lang wieder auf hohe Hitze stellen.

d) Gießen Sie den Maisbrotteig in die Pfanne und kochen Sie ihn bei starker Hitze, bis sich in der Mitte Blasen bilden. Vom Herd nehmen.
e) Im vorgeheizten Ofen bei 200 °C (400 °F) 40 bis 50 Minuten lang backen, oder bis ein in der Mitte eingeführtes Messer sauber herauskommt. Warm servieren.

37. Irisches Brot mit geflecktem Hund

Ergibt: 1 12-Zoll-Brot

ZUTATEN:
- 5 Tassen Allzweckmehl
- 1 ½ Tassen weißer Zucker
- 2 ⅔ Esslöffel Backpulver
- 2 große Eier
- 2 Tassen Milch
- 2 Tassen Rosinen

ANWEISUNGEN:
a) Heizen Sie den Ofen auf 375 Grad F (190 Grad C) vor.
b) Fetten Sie eine 12-Zoll-Gusseisenpfanne ein.
c) Mehl, Zucker und Backpulver zusammen in einer großen Schüssel sieben.
d) Eier mit Milch in einer separaten Schüssel verquirlen.
e) Die Eiermischung unter die Mehlmischung rühren, bis sie feucht ist. Der Teig wird sehr dick sein.
f) Rosinen unterheben, bis alles gut vermischt ist.
g) Den Teig in der vorbereiteten Gusseisenpfanne verteilen.
h) Im vorgeheizten Ofen ca. 1 Stunde backen, bis das Brot aufgegangen und oben goldbraun ist.

38. Parmesan-Speck-Blasenbrot

Ergibt: 16 Portionen

ZUTATEN:
- 1 Laib gefrorener Brotteig, aufgetaut (16 Unzen)
- 1/4 Tasse Butter, geschmolzen
- 3/4 Tasse geriebener Parmesankäse
- 6 Speckstreifen, gekocht und fein zerbröselt, geteilt
- 1/3 Tasse fein gehackte Frühlingszwiebeln, geteilt
- 2 Esslöffel geriebener Parmesankäse
- 2 Esslöffel salzfreie Kräutergewürzmischung
- 1-1/2 Teelöffel Zucker
- Alfredo-Sauce oder Marinara-Sauce, optional

ANWEISUNGEN:
a) Den Teig auf eine leicht bemehlte Oberfläche geben; Teilen und in 16 Rollen formen. Butter in eine flache Schüssel geben. In einer großen Schüssel den geriebenen Parmesan, die Hälfte des Specks, die Hälfte der Frühlingszwiebeln, den geriebenen Parmesan, die Gewürzmischung und den Zucker vermischen. Tauchen Sie die Teigstücke in geschmolzene Butter und vermengen Sie sie dann mit der Käsemischung, um sie zu bestreichen. Stapeln Sie die Stücke in einem gefetteten 9-Zoll-Format. gusseiserne Pfanne.

b) Mit einem Küchentuch abdecken; An einem warmen Ort etwa 45 Minuten gehen lassen, bis sich sein Volumen fast verdoppelt hat. Backofen auf 350° vorheizen. 20–25 Minuten goldbraun backen. Mit restlichem Speck und Frühlingszwiebeln belegen. Warm und auf Wunsch mit Alfredo- oder Marinara-Sauce servieren.

39. Irisches Sodabrot in einer Pfanne

Ergibt: 8 Portionen

ZUTATEN:
- 1 Tasse Milch
- 1 Teelöffel Essig
- 2 Tassen Allzweckmehl
- ½ Teelöffel Salz
- ½ Teelöffel Backpulver

ANWEISUNGEN:
a) Den Ofen auf 400 Grad F (200 Grad C) vorheizen. In einer Tasse oder kleinen Schüssel Milch und Essig verrühren. 10 Minuten stehen lassen oder bis es geronnen ist.

b) In einer mittelgroßen Schüssel Mehl, Salz und Backpulver verrühren. Die Sauermilchmischung einrühren, bis eine glatte Masse entsteht. Den Teig aus der Schüssel auf eine bemehlte Fläche kratzen und zu einer Scheibe formen. Legen Sie die Scheibe in eine gusseiserne Pfanne.

c) Im vorgeheizten Backofen 15 Minuten backen, bis sich die Kruste fest anfühlt.

40. Kräuterbrot aus der Pfanne

Ergibt: 10 Portionen

ZUTATEN:
- 1-1/2 Tassen Allzweckmehl
- 2 Esslöffel Zucker
- 4 Teelöffel Backpulver
- 1-1/2 Teelöffel Salz
- 1 Teelöffel geriebener Salbei
- 1 Teelöffel getrockneter Thymian
- 1-1/2 Tassen gelbes Maismehl
- 1-1/2 Tassen gehackter Sellerie
- 1 Tasse gehackte Zwiebel
- 1 Glas (2 Unzen) gehackte Pimientos, abgetropft
- 3 große Eier, Zimmertemperatur, geschlagen
- 1-1/2 Tassen fettfreie Milch
- 1/3 Tasse Pflanzenöl

ANWEISUNGEN:
a) In einer großen Schüssel Mehl, Zucker, Backpulver, Salz, Salbei und Thymian vermischen.

b) Maismehl, Sellerie, Zwiebeln und Pimientos mischen; Zu den trockenen Zutaten geben und gut vermischen. Eier, Milch und Öl hinzufügen; rühren, bis es feucht ist.

c) In eine gefettete 10 oder 11 Zoll große Schüssel gießen. ofenfeste Pfanne. Bei 400° 35–45 Minuten backen oder bis die Brotproben fertig sind. Warm servieren.

41. Maisbrot aus Gusseisen

Ergibt: 8 Portionen

ZUTATEN:
- ½ Tasse ungesalzene Butter
- 1 Tasse Maismehl
- ½ Teelöffel feines Salz
- 1 Prise Cayennepfeffer
- 3 Esslöffel Honig, oder nach Geschmack
- 2 große Eier
- 1 ½ Tassen Buttermilch
- 1 Tasse selbstaufgehendes Mehl

ANWEISUNGEN:
a) Den Ofen auf 400 Grad F (200 Grad C) vorheizen.
b) Butter in einer gusseisernen Pfanne schmelzen. Schalten Sie den Herd aus und stellen Sie die Butter beiseite, bis sie benötigt wird.
c) Maismehl, Salz, Cayennepfeffer, Honig, Eier und Buttermilch vermischen. Zum Kombinieren verquirlen.
d) Mehl und die Hälfte der Butter aus der Pfanne hinzufügen; Nochmals verquirlen. Den Teig über die restliche Butter in der Pfanne gießen
e) Im vorgeheizten Ofen backen, bis ein in die Mitte gesteckter Zahnstocher sauber herauskommt, etwa 25 Minuten. Vor dem Schneiden kurz abkühlen lassen.

42. **Maiskolbenbrot**

Ergibt: 1 Maiskuchen

ZUTATEN:
¼ Tasse Rapsöl
1 ½ Tassen weißes Maismehl
1 ½ Teelöffel Salz
1 ⅓ Tassen Buttermilch
2 große Eier

ANWEISUNGEN:
a) Den Ofen auf 220 °C (425 °F) vorheizen. Stellen Sie eine 9-Zoll-Gusseisenpfanne auf den mittleren Rost.
b) Wenn die Pfanne heiß ist, nehmen Sie sie vorsichtig aus dem Ofen. Gießen Sie das Rapsöl in die Pfanne und schwenken Sie die Pfanne vorsichtig, um den Boden und die Seiten zu bedecken. Stellen Sie die Pfanne für zehn Minuten wieder in den Ofen.
c) Während das Öl erhitzt wird, vermischen Sie Maismehl und Salz in einer mittelgroßen Schüssel. Eier und Buttermilch dazugeben und zu einem dünnen Teig verrühren.
d) Ziehen Sie den Rost mit der gusseisernen Pfanne vorsichtig heraus und gießen Sie den Teig in die vorgeheizte Pfanne.
e) Backen Sie den Maiskolben 20 bis 25 Minuten lang, bis ein Zahnstocher, der in die Mitte gesteckt wird, sauber herauskommt. Falls gewünscht, den Ofen in den letzten Backminuten auf Grill stellen, um die Oberseite zu bräunen.
f) Nehmen Sie die Pfanne aus dem Ofen und schütteln Sie die Pfanne, um den Maiskolben aus der Pfanne zu lösen. Den Maiskolben warm aus der Pfanne servieren oder auf einen Teller stürzen.

43. Zucchini-Maisbrot

Ergibt: 8 Portionen

ZUTATEN:
- 1 Tasse grob gehackte Zucchini
- 1 Tasse Milch
- ½ Tasse gehackte Zwiebel
- 2 große Eier
- ¼ Tasse Pflanzenöl
- 1 ¼ Tassen Maismehl
- 1 Tasse Allzweckmehl
- 2 Esslöffel weißer Zucker
- 4 Teelöffel Backpulver
- 1 Teelöffel Salz
- 1 Tasse geriebener Cheddar-Käse

ANWEISUNGEN:
a) Den Ofen auf 400 Grad F (200 Grad C) vorheizen. Fetten Sie eine 10-Zoll-Gusseisenpfanne ein und stellen Sie sie in den vorheizenden Ofen.

b) Zucchini, Milch, Zwiebeln, Eier und Pflanzenöl in einen Mixer geben und 5 bis 8 Mal pürieren, bis alles gut vermischt ist und die Zucchini und die Zwiebel in sehr kleine Stücke gehackt sind.

c) Maismehl, Mehl, Zucker, Backpulver und Salz in einer großen Schüssel vermischen. Gießen Sie die Zucchinimischung unter Rühren in die Maismehlmischung und mischen Sie den Cheddar-Käse vorsichtig unter.

d) Gießen Sie den Teig vorsichtig in die heiße, gefettete Pfanne, streichen Sie ihn mit einem Löffel glatt und backen Sie ihn etwa 30 Minuten lang, bis das Maisbrot goldbraun ist und ein in die Mitte gesteckter Zahnstocher sauber herauskommt.

44. Süßes Buttermilch-Maisbrot

Ergibt: 10 Portionen

ZUTATEN:
- ¼ Tasse Pflanzenöl
- 2 Tassen weißes Maismehl
- ¾ Tasse Allzweckmehl
- ⅓ Tasse weißer Zucker
- 4 ½ Teelöffel Backpulver
- ½ Teelöffel Backpulver
- 1 Teelöffel Salz
- 2 große Eier
- 2 Tassen Buttermilch

ANWEISUNGEN:
a) Den Ofen auf 230 °C (450 °F) vorheizen.
b) Gießen Sie Pflanzenöl in eine 10-Zoll-Gusseisenpfanne und schwenken Sie das Öl, um den Boden und die Seiten der Pfanne zu bedecken. Stellen Sie die Pfanne 3 bis 5 Minuten lang in den vorgeheizten Ofen, bis sie sehr heiß ist.
c) Pfanne aus dem Ofen nehmen.
d) Maismehl, Mehl, Zucker, Backpulver, Natron und Salz in einer Schüssel verquirlen. Eier in einer separaten Schüssel verquirlen und Buttermilch unter die Eier rühren.
e) Gießen Sie die Hälfte (2 Esslöffel) Pflanzenöl aus der heißen Pfanne in die Buttermilchmischung, lassen Sie das restliche Öl in der Pfanne und schlagen Sie, bis das Öl eingearbeitet ist.
f) Die Buttermilchmischung mit den trockenen Zutaten verrühren, bis ein glatter Teig entsteht. Teig in die Pfanne gießen.
g) Im Ofen backen, bis die Oberfläche goldbraun ist, 18 bis 20 Minuten. Maisbrot in der Pfanne in Portionen schneiden; warm servieren.

45. Mrs. Pattis Maisbrot

Ergibt: 8 Portionen

ZUTATEN:
- 1 ½ Tassen gelbes Maismehl
- 1 Esslöffel Backpulver
- 1 Teelöffel Salz
- 1 Tasse Sauerrahm
- 2 große Eier
- 1 (14 Unzen) Dose cremefarbener Mais
- 1 Zwiebel, gehackt
- ⅔ Tasse Pflanzenöl
- ¼ Tasse gehackte Jalapenopfeffer oder nach Geschmack
- 3 Tassen geriebener Cheddar-Käse, geteilt

ANWEISUNGEN:
a) Den Ofen auf 400 Grad F (200 Grad C) vorheizen. Fetten Sie eine große gusseiserne Pfanne ein.

b) Maismehl, Backpulver und Salz in einer Schüssel verquirlen; Sauerrahm und Eier unter die Maismehlmischung schlagen, bis alles gut vermischt ist. Sahnemais, Zwiebeln, Pflanzenöl und Jalapenopfeffer unter den Teig rühren.

c) Gießen Sie die Hälfte des Teigs in die vorbereitete gusseiserne Pfanne. 1 Tasse Cheddar-Käse auf dem Teig verteilen. Den restlichen Teig einfüllen und die restlichen 2 Tassen Cheddar-Käse darauf verteilen.

d) Im vorgeheizten Ofen ca. 45 Minuten backen, bis der Käsebelag geschmolzen und gebräunt ist.

46. Das beste Maisbrot

Ergibt: 6 bis 8 Portionen

ZUTATEN:
- 1 Ei
- 1 ⅓ Tassen Milch
- ¼ Tasse Pflanzenöl
- 2 Tassen selbstaufgehende Maismehlmischung
- 1 (8 Unzen) Dose cremefarbener Mais
- 1 Tasse Sauerrahm

ANWEISUNGEN:

a) Den Ofen auf 220 °C (425 °F) vorheizen. Fetten Sie eine 9-Zoll-Eisenpfanne ein.

b) In einer großen Schüssel das Ei verquirlen. Milch, Öl, Sauerrahm, Sahnemais und Maismehlmischung hinzufügen; rühren, bis das Maismehl gerade noch angefeuchtet ist. Den Teig in eine gefettete Pfanne füllen.

c) 25 bis 30 Minuten backen oder bis das in der Mitte eingesetzte Messer sauber herauskommt.

47. Einfaches Buttermilch-Maisbrot

Ergibt: 8 Portionen

ZUTATEN:
- 2 Tassen Maismehl
- 1 ½ Tassen Buttermilch
- ¼ Tasse Pflanzenöl
- 1 Ei
- 2 Esslöffel Butter

ANWEISUNGEN:
a) Den Ofen auf 400 Grad F (200 Grad C) vorheizen. Maismehl, Buttermilch, Pflanzenöl und Ei in einer Schüssel zu einem Teig verrühren.
b) Die Butter in einer gusseisernen Pfanne bei mittlerer Hitze schmelzen und die geschmolzene Butter über den gesamten Boden und die Seiten der Pfanne schwenken. Lassen Sie die Butter erhitzen, bis sie einen schwachen Röstduft verströmt. Den Teig in die heiße Pfanne gießen.
c) Stellen Sie die Pfanne in den vorgeheizten Ofen und backen Sie sie 25 bis 30 Minuten lang goldbraun.

48. Heißwasser-Maisbrot

Ergibt: 4 Ergibt: 4 Portionen

ZUTATEN:
- 3 Esslöffel Öl
- 1 Tasse Wasser
- 1 Tasse gelbes Maismehl
- 1 Prise Gewürzsalz

ANWEISUNGEN:

a) Öl in einer gusseisernen Pfanne bei mittlerer Hitze erhitzen. Wasser in einem Topf zum Kochen bringen.

b) Maismehl in eine Schüssel geben. Gießen Sie langsam kochendes Wasser in das Maismehl. glatt rühren. Gewürztes Salz unter den Teig mischen.

c) Den Teig mit einem Löffel in das heiße Öl geben. Etwa 5 Minuten braten, bis die Ränder braun sind; Brot umdrehen. Mit dem Spatel flach drücken; braten, bis das Brot durchgebacken ist und die Ränder braun sind, etwa 5 Minuten. Auf einem Papiertuch abtropfen lassen.

49. Irisches würziges Maisbrot

Ergibt: 1 12-Zoll-Pfanne

ZUTATEN:
- 2 Tassen Allzweckmehl
- 1 Tasse gelbes Maismehl
- ⅓ Tasse weißer Zucker
- 4 ½ Teelöffel Backpulver
- 1 ½ Teelöffel Salz
- 1 ½ Teelöffel Cayennepfeffer
- ½ Tasse Backfett
- 1 ½ Tassen Milch
- 2 große Eier, geschlagen
- 4 ½ Teelöffel scharfe Pfeffersauce

ANWEISUNGEN:

a) Ofen und Pfanne auf 200 °C (400 °F) vorheizen.

b) In einer großen Schüssel Mehl, Maismehl, Zucker, Backpulver, Salz und Cayennepfeffer vermischen. Schneiden Sie das Backfett hinein, bis die Mischung groben Semmelbröseln ähnelt.

c) In einer kleinen Schüssel Milch, Eier und Peperonisauce verrühren. Rühren Sie die Milchmischung in die Mehl-Maismehl-Mischung, bis sie gerade vermischt ist. Die heiße Pfanne aus dem Ofen nehmen, mit Antihaft-Kochspray einsprühen und den Teig in die Pfanne gießen.

d) Im vorgeheizten Ofen 20 bis 25 Minuten backen oder bis ein in die Mitte des Laibs gesteckter Zahnstocher sauber herauskommt.

e) Erhitzen Sie die Pfanne im Ofen, bevor Sie die Mischung hinzufügen, und sprühen Sie sie gut mit Antihaftspray ein. Mit meinen Pfannen dauert es etwa 18 Minuten, aber für einen vollen Laib in der Bratpfanne dauert es wahrscheinlich länger.

50. Feuchtes veganes Maisbrot

Ergibt: 1 10-Zoll-Pfanne

ZUTATEN:
- 2 Tassen Sojamilch
- 2 Teelöffel Apfelessig
- 2 Tassen Maismehl
- 1 Tasse Allzweckmehl
- 2 Teelöffel Backpulver
- ½ Teelöffel Salz
- ⅓ Tasse Rapsöl
- 2 Esslöffel Ahornsirup
- 1 Tasse gefrorene Maiskörner

ANWEISUNGEN:
a) Den Ofen auf 350 Grad F (175 Grad C) vorheizen. Stellen Sie eine gefettete 10-Zoll-Gusseisenpfanne in den vorgeheizten Ofen.

b) Sojamilch und Essig in einer Schüssel vermischen. Etwa 5 Minuten stehen lassen, bis es geronnen ist.
c) Maismehl, Mehl, Backpulver und Salz in einer Schüssel vermischen.
d) Öl und Ahornsirup in die Sojamilchmischung geben. Mit einer Gabel etwa 3 Minuten lang schaumig schlagen. Über die Maismehlmischung gießen und vermischen, bis alles gut vermischt ist. Maiskörner unterheben. Den Teig in die heiße Pfanne gießen.
e) Im vorgeheizten Ofen backen, bis ein in die Mitte gesteckter Zahnstocher sauber herauskommt, 25 bis 35 Minuten. In Quadrate oder Spalten schneiden.

51. Bubbas Bierbrot

Ergibt: 8 Portionen

ZUTATEN:
- 3 Tassen selbstaufgehendes Mehl
- 3 Esslöffel weißer Zucker
- 1 Teelöffel Zwiebelpulver
- 1 Teelöffel getrockneter Dill oder nach Geschmack
- 1 Teelöffel Salz
- 1 (12 Flüssigunzen) Dose Bier, Raumtemperatur
- 4 Unzen gewürfelter Cheddar-Käse oder nach Geschmack

ANWEISUNGEN:
a) Heizen Sie den Ofen auf 350 Grad F (175 Grad C) vor. Fetten Sie eine 9 oder 10 Zoll große Gusseisenpfanne leicht ein.
b) In einer großen Schüssel das selbstaufgehende Mehl, den Zucker, das Zwiebelpulver, das Dillkraut und das Salz verrühren. Gießen Sie das Bier hinzu und rühren Sie, bis die gesamte Trockenmasse eingearbeitet ist.
c) So leicht wie möglich umrühren, um das Bier nicht zu entleeren. Käsewürfel unterheben.
d) 45 bis 60 Minuten backen oder bis die Oberseite bei leichter Berührung zurückspringt.
e) Das Brot sollte weit über den Pfannenrand hinausragen.

52. Maisbrot aus der Gusseisenpfanne

Ergibt: 1 10-Zoll-Runde

ZUTATEN:
- 1 Esslöffel Pflanzenöl
- 1 (14 Unzen) Dose cremefarbener Mais
- 1 ½ Tassen selbstaufgehendes gelbes Maismehl
- ½ Tasse Buttermilch
- ½ Tasse Sauerrahm
- ½ Tasse griechischer Joghurt
- 2 große Eier, geschlagen
- ½ Teelöffel Salz
- ¼ Teelöffel gemahlene rote Chilischote oder nach Geschmack
- 1 Esslöffel Butter oder nach Geschmack

ANWEISUNGEN:

a) Pflanzenöl in eine gusseiserne Pfanne gießen; in den Ofen stellen. Den Ofen auf 400 Grad F (200 Grad C) vorheizen.

b) Sahnemais, Maismehl, Buttermilch, Sauerrahm, Joghurt, Eier, Salz und rote Chilischote in einer Schüssel zu einem Teig vermischen. Nehmen Sie die Pfanne mit Ofenhandschuhen aus dem Ofen. Teig einfüllen.

c) Im vorgeheizten Ofen backen, bis sich die Ränder von der Pfanne lösen, 30 bis 40 Minuten. Butter darüber verteilen.

53. Maisbrot aus Gusseisen

Ergibt: 1 10-Zoll-Runde

ZUTATEN:
- 2 große Eier
- 1 ½ Tassen Milch
- 2 ½ Tassen selbstaufgehendes weißes Maismehl
- ½ Teelöffel Salz
- 3 Esslöffel Pflanzenöl
- 2 Esslöffel Backfett

ANWEISUNGEN:
a) Den Ofen auf 230 °C (450 °F) vorheizen.
b) Eier in einer großen Schüssel verquirlen, bis sie leicht und schaumig sind. Milch einrühren. Maismehl und Salz einrühren. Öl hinzufügen; rühren, bis der Teig glatt ist.
c) Geben Sie das Fett in eine 10-Zoll-Gusseisenpfanne. Die Bratpfanne im vorgeheizten Ofen erhitzen, bis sich das Backfett verflüssigt (2 bis 3 Minuten). Nehmen Sie die Pfanne heraus und gießen Sie den Teig hinein.
d) Bringen Sie die Pfanne wieder in den Ofen und backen Sie das Maisbrot 25 bis 30 Minuten lang, bis es leicht gebräunt ist.
e) Nehmen Sie die Pfanne sofort aus dem Ofen und decken Sie sie mit einem Holzbrett ab. Drehen Sie die Pfanne mit Ofenhandschuhen um und legen Sie das Maisbrot auf das Schneidebrett. In 8 Spalten schneiden.

54. Münsterbrot

Ergibt: 1 Laib (16 Scheiben)

ZUTATEN:
- 2 Packungen (je 1/4 Unze) aktive Trockenhefe
- 1 Tasse warme 2 % Milch (110° bis 115°)
- 1/2 Tasse Butter, weich
- 2 Esslöffel Zucker
- 1 Teelöffel Salz
- 3-1/4 bis 3-3/4 Tassen Allzweckmehl
- 1 großes Ei plus 1 großes Eigelb, Zimmertemperatur
- 4 Tassen geriebener Münsterkäse
- 1 großes Eiweiß, geschlagen

ANWEISUNGEN:
a) In einer großen Schüssel Hefe in Milch auflösen. Butter, Zucker, Salz und 2 Tassen Mehl hinzufügen; glatt rühren. So viel restliches Mehl einrühren, dass ein weicher Teig entsteht.
b) Auf eine bemehlte Fläche stürzen; 6-8 Minuten lang kneten, bis es glatt und elastisch ist. In eine gefettete Schüssel geben und einmal wenden, um die Oberseite einzufetten. Abdecken und an einem warmen Ort etwa 1 Stunde gehen lassen, bis sich das Volumen verdoppelt hat.
c) In einer großen Schüssel Ei und Eigelb verquirlen; Käse einrühren. Teig ausstanzen; in eine 16-Zoll-Form rollen. Kreis.
d) In eine gefettete 10-Zoll-Schale geben. Gusseisenpfanne oder 9-Zoll. Runde Backform ausbreiten und den Teig über die Ränder laufen lassen. Die Käsemischung in die Mitte des Teigs geben. Sammeln Sie den Teig über der Füllung und füllen Sie ihn 3,8 cm aus. Falten. Drücken Sie die Falten oben vorsichtig zusammen und drehen Sie sie, um einen Haarknoten zu bilden. 10-15 Minuten gehen lassen.
e) Laib mit Eiweiß bestreichen. 40-45 Minuten bei 375° backen. Auf einem Kuchengitter 20 Minuten abkühlen lassen. Warm servieren.

55. Avocado-Maisbrot

Ergibt: ein rundes 9-Zoll-Maisbrot
ZUTATEN:
- 1 Tasse gemahlenes Maismehl
- 1/2 Tasse Allzweckmehl
- 1 1/2 Teelöffel Backpulver
- 1/2 Teelöffel Salz
- 1/2 Teelöffel Cayennepfeffer
- 2 Teelöffel Kreuzkümmel
- 6 Esslöffel Butter
- 2 Esslöffel Honig
- 1 Tasse Buttermilch
- 1 Ei
- 1 vom Maiskolben geschnittene Ähre (ca. 1 1/2 Tasse)
- 1 große reife Avocado in 1/2-Zoll-Würfeln (ca. 1 1/2 Tasse)
- Saft von 1/2 Limette (ca. 2 Teelöffel)

ANWEISUNGEN:

a) Heizen Sie den Ofen auf 400 °C vor. Geben Sie 2 Esslöffel Butter und 1 Teelöffel Kreuzkümmel in eine 9-Zoll-Eisenpfanne oder eine Kuchenform und schieben Sie sie in den Ofen.

b) Die restlichen trockenen Zutaten verrühren. Die restliche Butter und den Honig zusammen schmelzen (Honig-Messtipp: Geben Sie auf Ihren Messlöffel einen Spritzer Antihaftmittel, bevor Sie den Honig hineingießen – er rutscht sofort heraus). Mais und Avocado mischen, Limette darüberpressen und vorsichtig umrühren, bis alles bedeckt ist.

c) In einer großen Schüssel Ei und Buttermilch verquirlen. Ja, Sie haben jetzt 4 Schüsseln verschmutzt. Sie können sie aber waschen, während das Maisbrot backt.

d) Die geschmolzene Butter und den Honig langsam unter die Buttermilch und das Ei rühren. Anschließend die trockenen Zutaten unterrühren und dann Avocado und Mais vorsichtig unterheben. Nehmen Sie die heiße Pfanne aus dem Ofen und gießen Sie den Teig hinein.

e) Legen Sie das Maisbrot zurück in den Ofen und reduzieren Sie die Hitze auf 375 °C. Backen Sie es 30–40 Minuten lang, bis es goldbraun ist und ein Teigstück sauber herauskommt (es sei denn, Sie treffen Avocado!) • Lassen Sie es vor dem Servieren etwas abkühlen.

SPANISCHER BROTPUDDING

56. Mexikanische Capirotada

Ergibt: 8 Portionen

ZUTATEN:
- 4 Tassen kochendes Wasser
- 2 Tassen brauner Zucker
- 1 ganze Gewürznelke
- 1 Stange Zimt
- ¼ Tasse Butter
- 1 Laib Rosinenbrot, in Würfel geschnitten
- 1 Tasse Rosinen
- 1 Tasse gehackte Walnüsse
- ¼ Pfund geriebener Monterey-Jack-Käse
- ¼ Pfund geriebener Colby-Käse

a) Zu einem Liter kochendem Wasser braunen Zucker, Nelken, Zimt und Butter hinzufügen.

b) Köcheln lassen, bis sich ein leichter Sirup bildet, dann die Nelke und den Zimt entfernen.

c) Schneiden Sie 1 Laib Rosinenbrot in Würfel und trocknen Sie es im 250 °F heißen Ofen, bis es knusprig ist.

d) Spülen Sie 1 Tasse Rosinen in heißem Wasser ab und lassen Sie sie abtropfen. In einer großen, gebutterten Auflaufform die Brotwürfel, Rosinen, Walnüsse, den Monterey-Jack-Käse und den Longhorn-Käse (Cheddar-Jack) kontinuierlich schichten, bis alle Zutaten aufgebraucht sind.

e) Den heißen Sirup gleichmäßig über die Brotmischung verteilen. Im vorgeheizten Ofen bei 350 °F 30 Minuten backen. Heiß oder kalt servieren.

57. Spanischer Brotpudding mit Äpfeln und Rosinen

Ergibt: 6 Portionen
ZUTATEN:
- 1 Ei
- ¼ Tasse Milch
- 1 Stange (4 oz) Butter; geschmolzen
- 4 Tassen altbackene spanische Brotwürfel; 3/4 Zoll
- 3 Unzen Cheddar-Käse, in 1/4-Zoll-Würfel geschnitten (ca. 2/3 Tasse)
- ½ Tasse Walnüsse; gehackt
- 1 Teelöffel gemahlener Zimt
- ¾ Tasse dunkelbrauner Zucker; verpackt
- ½ Tasse Rosinen
- 1 mittelgroßer Apfel; schälen, entkernen und in 3/8-Zoll-Würfel schneiden
- ½ Teelöffel Vanilleextrakt
- Rum und Butter des armen Mannes
- Soße
- Schlagsahne oder Vanilleeis

Heizen Sie den Ofen auf 350 Grad F vor. In einer großen Schüssel Ei, Milch und geschmolzene Butter verquirlen. Brotwürfel dazugeben und vermischen, damit es gleichmäßig befeuchtet wird.
Käse und Nüsse dazugeben und mit Zimt bestreuen. Zum Kombinieren vorsichtig umrühren.
In einem mittelgroßen Topf braunen Zucker, Rosinen, Apfel und 1 Tasse Wasser vermischen. Bei mittlerer Hitze kochen, bis der Apfel gerade weich ist, etwa 3 Minuten. Vom Herd nehmen und Vanille einrühren.
Geben Sie die Hälfte der Brotmischung auf den Boden eines gebutterten 1,5-Liter-Auflaufs. Gleichmäßig verteilen. Mit einem Schaumlöffel Rosinen und Äpfel aus dem Sirup heben und auf dem Brot verteilen. Mit der restlichen Brotmischung bedecken. Sirup gleichmäßig über die Oberfläche gießen. Drücken Sie mit der Rückseite eines Holzlöffels auf die Brotmischung, um sie mit dem Sirup zu tränken.
30 bis 35 Minuten backen oder bis die Oberfläche leicht gebräunt und der Pudding fest ist. Warm mit Rumsauce, Schlagsahne oder Vanilleeis servieren.

58. Pudín de Pan

Ergibt: 12 große, 18 kleine Portionen

ZUTATEN:
- 1 kg geschnittenes Weißbrot (ca. 1½ Brote)
- 4 Eier
- 1 Liter Milch (vollfette oder teilentrahmte Milch reicht aus)
- 1 kleine Dose Kondensmilch (ca. 225 g)
- 150 g) Zucker
- 1 Zitrone, Schale
- 50 g kalte Butter in Würfel schneiden
- 100 ml Rum, Brandy oder Cognac
- ½ TL geriebene Muskatnuss
- 1½ TL Zimt
- ½ TL Vanilleextrakt
- 400 g Rosinen (kernlos)
- 100 ml Wasser

ANWEISUNGEN:
a) Geben Sie die Rosinen in eine Schüssel und geben Sie etwa 6 bis 7 EL warmes Wasser hinzu, um sie aufzulockern. Bis zur Verwendung beiseite stellen.
b) Wenn Sie altbackenes Brot verwenden, geben Sie das Brot in Stücke in eine Schüssel und füllen Sie es mit Wasser. Etwa 20–30 Minuten einweichen, dann das Wasser abgießen und das Brot mit den Händen ausdrücken, um überschüssiges Wasser zu entfernen. Wenn Sie frisches Brot verwenden, überspringen Sie diesen Schritt und schneiden Sie die Scheiben in viertelgroße Stücke.
c) Das Brot in einer Schüssel mit etwa 1 Liter Milch, der Kondensmilch und dem Zucker einweichen. Die Brotmasse sollte sehr weich, aber nicht zu flüssig sein. Probieren Sie, um sicherzustellen, dass es süß genug ist. Bei Bedarf können Sie etwas mehr Zucker hinzufügen, dies ist jedoch möglicherweise nicht erforderlich.

d) Die Eier leicht verquirlen und mit der Zitronenschale, der Muskatnuss, dem Zimt, den Rosinen, dem Rum/Brandy und den Butterwürfeln zur Mischung geben. Gut mischen.

e) Eine Auflaufform von ca. 35 x 23 cm (12 x 9 Zoll) gut einfetten und die Mischung hineingeben.

f) Großzügig mit Zimt und weißem oder braunem Kristallzucker bestreuen.

g) Im vorgeheizten Backofen bei 180 °C (355 °F) Umluft etwa 1 Stunde backen. Die ersten 30 Minuten mit Alufolie abdecken, dann den Ofen öffnen, die Folie schnell entfernen und die restlichen 30 Minuten ohne Deckel backen, bis die Oberfläche fest ist und der Pudding durchgekocht ist. Mit einem Messer einstechen, wenn alles sauber herauskommt, ist es fertig.

h) Sobald Sie fertig sind, nehmen Sie es aus dem Ofen und lassen Sie es im Behälter abkühlen. Dies wird bei Zimmertemperatur serviert.

59. **Akadischer Brotpudding**

Ergibt: 1 Portionen

ZUTATEN:
- 12 Unzen gewürfeltes französisches Brot oder eine Tüte Kartoffelbrötchen
- 4 Eier
- 1½ Tasse Zucker
- 3½ Tasse Milch
- ½ Teelöffel Muskatnuss
- 1 Teelöffel Zimt
- ¼ Pfund Oleo; geschmolzen
- 1 Liter Sahne oder, falls gewünscht, stattdessen; 1 Quart halb und halb
- 8 Esslöffel Zucker
- 9 Esslöffel Rum; (Ich schreibe gerne mehr)
- 3 Esslöffel Maisstärke
- 2 Esslöffel Wasser
- 1 Teelöffel Orangenschale; (geriebene Orangenschale)
- 1 Tasse Pekannüsse; (Optional)

a) Den Ofen auf 350 ° vorheizen. Legen Sie das Brot in eine gefettete Auflaufform (9 x 13). Eier und Zucker 3 bis 4 Minuten lang auf hoher Geschwindigkeit schlagen.

b) Muskatnuss und Zimt hinzufügen, die Mixergeschwindigkeit verringern und Milch und dann Oleo hinzufügen. Die Milch-Ei-Mischung über das Brot gießen und das Brot 30 Minuten einweichen lassen.

c) Stellen Sie die Form in den Ofen und backen Sie sie 20 Minuten lang. Senken Sie die Temperatur auf 300 °C und backen Sie sie weitere 20 Minuten lang. Der Brotpudding sollte locker und braun sein. Bei Bedarf länger backen.

d) Pekannuss-Rum-Sauce: Sahne in einem Topf mit dickem Boden brühen, bis sie köchelt. Lass es nicht kochen. Zucker und Rum hinzufügen und schlagen, bis sich der Zucker aufgelöst hat.

e) Maisstärke und Wasser vermischen und rühren, bis sich die Maisstärke aufgelöst hat.

f) Die Mischung unter die Sahne schlagen, bis die Soße eindickt. Reduzieren Sie die Hitze, rühren Sie Orangenschale und Pekannüsse unter.

60. Brandy-Brotpudding

Ergibt: 1 Portionen

ZUTATEN:
- ½ Tasse Rosinen
- ¼ Tasse Brandy
- 8 französische Brotscheiben –
- Abgestanden
- 2 Esslöffel Butter – weich
- 2 Tassen Milch
- ⅓ Tasse Zucker
- 3 Eier
- 4 Eigelb
- 1 Teelöffel Vanilleextrakt

a) Heizen Sie den Ofen auf 325 °C vor. Geben Sie die Rosinen in eine Schüssel, gießen Sie den Brandy darüber und lassen Sie sie eine halbe Stunde lang einweichen. Ordnen Sie die 8 Brotscheiben, die Sie auf beiden Seiten mit Butter bestrichen haben, in einer gebutterten Auflaufform an.
b) Die Milch zum Kochen bringen, vom Herd nehmen und den Zucker einrühren, bis er sich vollständig aufgelöst hat. Mit einem Elektromixer die Eier und Eigelb schlagen; Gießen Sie nach und nach die Milch hinzu und fügen Sie die Vanille hinzu.
c) Gießen Sie in der Auflaufform die Rosinen und den Brandy über die Brotscheiben und gießen Sie dann die Eiermischung darüber.
d) Stellen Sie die Auflaufform in einen Topf mit kochendem Wasser und backen Sie sie etwa 40 Minuten lang im Ofen oder bis ein in den Pudding gestecktes Tafelmesser sauber herauskommt. Vor dem Servieren etwas abkühlen lassen, aber noch warm servieren. Auch am nächsten Tag ist es kalt.
e) Nicht einfrieren.

Spanisches Käsebrot

61. Spanisches Cheddar-Brot

Ergibt: 1 Portion

ZUTATEN:
- 2 Tassen Vollkornmehl
- 2 Teelöffel Zucker
- 1 Esslöffel Weizengluten
- 1 Teelöffel Hefe
- ½ Teelöffel Meersalz
- 1 Esslöffel Lecithin-Granulat oder
- 3 Tassen Vollkornmehl
- 1 Esslöffel Zucker
- 1½ Esslöffel Weizengluten
- 1½ Teelöffel Hefe
- ¾ Teelöffel Meersalz
- 1½ Esslöffel Lecithingranulat oder Pflanzenöl
- ¾ Teelöffel ganzer Kreuzkümmel
- 1 Tasse fettfreie Buttermilch
- ¾ Tasse Cheddar-Käse, fettfrei oder fettreduziert – gerieben
- Pflanzenöl
- 1⅛ Teelöffel ganzer Kreuzkümmel
- 1½ Tasse fettfreie Buttermilch
- 1 Tasse Cheddar-Käse, gerieben (+ 2 EL)

a) Geben Sie alles außer dem Käse in die Brotbackform der Maschine.
b) Schalten Sie die Maschine auf die Rosinenbrot-Einstellung und geben Sie den Käse hinzu, wenn die Maschine summt.
c) Ein 1-Pfund-Laib ergibt 12 Scheiben, und ein 1 ½-Pfund-Laib ergibt 18 Scheiben.

62. Spanisches Käsebrot

Ergibt: 14 Scheiben

ZUTATEN:
- 1 Teelöffel Zucker
- 2 ¼ Teelöffel Hefe
- 1 ¼ Tasse Wasser
- 3 Tassen Brotmehl
- 2 Esslöffel Parmesankäse
- 1 Teelöffel Knoblauchpulver
- 1 ½ Teelöffel Salz

ANWEISUNGEN:
a) Bereiten Sie die Zutaten vor.
b) Geben Sie jede Zutat in der Reihenfolge und bei der vom Hersteller Ihres Brotbackautomaten empfohlenen Temperatur in den Brotbackautomaten.
c) Schließen Sie den Deckel, wählen Sie an Ihrem Brotbackautomaten die Einstellung „Basisbrot, mittlere Kruste" und drücken Sie „Start".
d) Wenn der Brotbackautomat mit dem Backen fertig ist, nehmen Sie das Brot heraus und legen Sie es auf ein Kühlregal.

63. Spanisches Schinken-Parmesan-Brot

Ergibt: 10 Portionen / 1 Laib

ZUTATEN:
- 3 ⅓ Tassen Weizenbrotmehl
- 1 Tasse Schinken, gehackt
- ½ Tasse Milchpulver
- 1 ½ Esslöffel Zucker
- 1 Teelöffel frische Hefe
- 1 Teelöffel koscheres Salz
- 2 Esslöffel Parmesankäse, gerieben
- 1 ⅓ Tassen lauwarmes Wasser
- 2 Esslöffel Öl

ANWEISUNGEN:
a) Geben Sie alles (außer dem Schinken) gemäß den Empfehlungen des Brotbackautomaten in den Brotbackautomaten.
b) Wählen Sie spanisches Brot mit mittlerer Kruste.
c) Nach dem Signalton Schinken hinzufügen.
d) Entfernen Sie das Brot, wenn Sie fertig sind.
e) Abkühlen lassen, in Scheiben schneiden und servieren.

Spanisches Fladenbrot

64. Spanisches Fladenbrot

Ergibt: 8 Fladenbrote

ZUTATEN:
- 3 Tassen Allzweckmehl 360 Gramm
- 1 EL Backpulver 12 Gramm
- 3/4 TL Meersalz 4,5 Gramm
- 2 EL natives Olivenöl extra 30 ml
- 3 EL Honig 80 Gramm
- 1/4 TL Safranfäden 0,17 Gramm
- 1 Tasse lauwarmes Wasser 240 ml

EXTRAS:
- Allzweckmehl
- Natives Olivenöl extra

ANWEISUNGEN:

a) 1/4 TL Safranfäden in 1 Tasse lauwarmes Wasser geben, vermischen und beiseite stellen

b) In der Zwischenzeit 3 Tassen Allzweckmehl zusammen mit 1 EL Backpulver und 3/4 TL Meersalz in eine große Schüssel geben, vermischen, dann eine Mulde formen, 2 EL natives Olivenöl extra, 3 EL Honig hinzufügen und 1 Tasse mit Safran angereichertes Wasser, vermischen

c) Sobald alles gut vermischt ist und Sie am Ende eine teigartige Textur erhalten haben, gehen Sie mit den Händen hinein, schlagen Sie vorsichtig auf den Teig und falten Sie ihn dann zusammen. Führen Sie diese Technik weiter aus, bis Sie einen seidigen Teig erhalten (dauert zwischen 1 und 2). Minuten) und dann zu einer Kugel formen

d) Bestreuen Sie eine saubere, ebene Fläche mit etwas Allzweckmehl, legen Sie die Teigkugel darauf, schneiden Sie sie in zwei Hälften und schneiden Sie dann jede Hälfte in 4 gleichmäßig große Stücke, sodass insgesamt 8 Teigstücke entstehen

e) Eine beschichtete Grillpfanne bei mittlerer Hitze erhitzen

f) Formen Sie in der Zwischenzeit das erste Teigstück mit Ihren Händen oder einem Ausroller, formen Sie den Teig in das gewünschte Design und achten Sie darauf, dass die Dicke nicht mehr als 0,635 cm (1/4 Zoll) beträgt, und beträufeln Sie den Teig dann mit einem Einen Schuss natives Olivenöl extra hinzufügen und in die heiße Pfanne geben. 90 Sekunden bis 2 Minuten auf jeder Seite braten. Achten Sie darauf, dem Teig noch einen Schuss Olivenöl hinzuzufügen, bevor Sie ihn umdrehen

g) Formen und backen Sie Ihre Fladenbrote mit dieser Technik weiter, bis sie fertig sind. Warm oder bei Zimmertemperatur servieren, genießen!

65. Tortas De Aceite

Ergibt: 12 Tortas

ZUTATEN:
- 1 1/2 bis 2 1/2 Tassen italienisches 00-Mehl oder Kuchenmehl
- 1 Teelöffel Meersalz
- 2 Teelöffel Fenchelsamen
- Knapp eine halbe Tasse spanisches Olivenöl extra vergine und mehr für die Backbleche
- 2/3 Tasse warmes Wasser
- 3 Esslöffel Rohzucker plus etwas Zucker zum Bestreuen
- 2 Teelöffel aktive Trockenhefe oder Instanthefe
- Puderzucker zum Bestäuben
- Allzweckmehl für die Arbeitsfläche
- 1 großes Eiweiß geschlagen

ANWEISUNGEN:
a) Den Ofen auf 230 °C (450 °F) vorheizen.
b) In einer großen Schüssel 1 1/2 Tassen Mehl (180 g), Salz und Fenchelsamen verrühren.
c) Gießen Sie das Öl in einen Messbecher oder eine andere Schüssel mit Wasser, rühren Sie Zucker und Hefe ein und vermischen Sie alles gut. Einige Minuten ruhen lassen, bis es schaumig wird.
d) Machen Sie eine Mulde in der Mitte der Mehlmischung und gießen Sie langsam die Hefemischung hinein, wobei Sie das Mehl mit einer Gabel nach und nach untermischen. Wenn alles anfängt, sich zu verbinden, verkneten Sie es mit den Händen zu einem glatten Teig. Wenn der Teig sehr klebrig ist, fügen Sie etwas oder das gesamte restliche 1 Tasse Mehl nach und nach hinzu, bis ein glatter Teig entsteht. Es ist durchaus möglich, dass Sie mindestens eine halbe Tasse und sogar die volle Tasse hinzufügen müssen.
e) Zwei große Backbleche leicht einölen und anschließend mit Puderzucker bestäuben. Eine saubere Arbeitsfläche und ein Nudelholz leicht mit Allzweckmehl bemehlen.

f) Teilen Sie Ihren Teig in 12 gleich große Stücke und formen Sie jedes zu einer Kugel. Rollen Sie jede Kugel aus, bis sie fast durchscheinend ist und einen Durchmesser von etwa 10 cm hat.

g) Legen Sie jede Torta auf ein Backblech und bestreichen Sie sie leicht mit etwas geschlagenem Eiweiß. Bestäuben Sie den Teig zunächst leicht mit Puderzucker und dann mit etwas Rohzucker.

h) 5 bis 12 Minuten backen oder bis es goldbraun und knusprig ist. Beobachten Sie die Tortas genau, da sie in Sekundenschnelle verbrennen können.

i) Übertragen Sie die Tortas sofort auf Drahtgitter, damit sie abkühlen und knusprig werden.

j) Warm oder bei Zimmertemperatur verzehren. Die Tortas zerfallen beim Hineinbeißen zu flockigen Köstlichkeiten und lösen sich dann innerhalb von Sekunden in ein süßes Nichts auf. So lieblich.

66. Mit Spinat gefülltes Brot

Macht: 20–24

ZUTATEN:
- 3 Tassen 100 % Vollkornmehl
- 2 Tassen frischer Spinat, geputzt und fein gehackt
- 1 Tasse Wasser
- 1 Teelöffel grobes Meersalz

ANWEISUNGEN:

a) Mehl und Spinat in einer Küchenmaschine vermischen. Es entsteht eine krümelige Masse.

b) Wasser und Salz hinzufügen. So lange verarbeiten, bis der Teig zu einer klebrigen Kugel wird.

c) Geben Sie den Teig in eine tiefe Schüssel oder auf Ihre leicht bemehlte Arbeitsplatte und kneten Sie ihn einige Minuten lang, bis er glatt wie Pizzateig ist. Wenn der Teig klebrig ist, noch etwas Mehl hinzufügen. Wenn es zu trocken ist, fügen Sie noch etwas Wasser hinzu.

d) Ziehen Sie ein etwa golfballgroßes Stück Teig ab und rollen Sie es zwischen beiden Handflächen zu einer Kugel. Drücken Sie es zwischen beiden Handflächen, um es etwas flacher zu machen, und rollen Sie es auf einer leicht bemehlten Oberfläche aus, bis es einen Durchmesser von etwa 12,7 cm hat.

e) Eine schwere Bratpfanne bei mittlerer bis hoher Hitze erhitzen. Sobald es heiß ist, legen Sie das Paratha in die Pfanne und erhitzen Sie es 30 Sekunden lang, bis es gerade fest genug zum Umdrehen, aber nicht ganz hart oder ausgetrocknet ist.

f) Auf der gegenüberliegenden Seite 30 Sekunden garen. In der Zwischenzeit die nach oben zeigende Seite leicht einölen, umdrehen, die andere Seite leicht einölen und beide Seiten anbraten, bis sie leicht gebräunt sind.

67. Käse-Kräuter-Fladenbrot

Ergibt: 2 Portionen

Zutat
- 1 Packung Hefe
- ¼ Tasse warmes Wasser
- 2 Esslöffel Margarine
- 1 Esslöffel Zucker
- 1½ Teelöffel Salz
- ¾ Tasse Milch – gebrüht
- 3 Tassen Allzweckmehl
- 2 Esslöffel Zwiebeln – gehackt
- ¼ Tasse Margarine – geschmolzen
- ½ Teelöffel Oregano
- ½ Teelöffel Paprika
- ¼ Teelöffel Selleriesamen
- ¼ Teelöffel Knoblauchsalz
- ½ Teelöffel Basilikum
- 1 Tasse Cheddar-Käse, gerieben

a) Hefe in ¼ Tasse warmem Wasser einweichen.
b) In einer Rührschüssel 2 Esslöffel Margarine, Zucker, Salz und Brühmilch vermischen. Kühl bis lauwarm.
c) Die Hefe in die Milchmischung einrühren. Nach und nach Mehl hinzufügen, bis ein fester Teig entsteht. Möglicherweise benötigen Sie nicht das gesamte Mehl. Auf einer bemehlten Oberfläche kneten, bis es glatt und seidig ist. 4 bis 5 Minuten.
d) In eine gefettete Schüssel geben und wenden, bis die Oberfläche bedeckt ist. Abdecken und gehen lassen, bis es hell wird; etwa 45 Minuten.
e) Den Teig halbieren. Drücken Sie jedes Stück in eine 9-Zoll-Kuchen- oder Kuchenform.
f) Zwiebeln, ¼ Tasse geschmolzene Margarine, Oregano, Paprika, Selleriesamen, Knoblauchsalz und Basilikum vermischen. Auf den Teig verteilen. Gleichmäßig mit Käse bestreuen. Jeweils an mehreren Stellen mit einer Gabel einstechen.
g) Etwa 30 Minuten gehen lassen oder bis es hell wird.
h) Im vorgeheizten Ofen bei 375 Grad 20 bis 25 Minuten backen, bis sie goldbraun sind.
i) Noch warm servieren.

68. Knuspriges Maisfladenbrot

Ergibt: 1 Portion

ZUTATEN
- 1 Tasse braunes Reismehl + etwas Mehl zum Bestäuben der Brote
- 1½ Teelöffel granulierte Hefe
- 2 Teelöffel Zucker
- 1½ Tasse warmes Wasser (110F)
- 1 Tasse Maismehl
- ½ Tasse Maisstärke
- 2 Teelöffel Xantham-Gummipulver
- 1 bis 1 1/2 Teelöffel Salz
- 2 große Eier, zimmerwarm
- 1 Esslöffel Maisöl

ANWEISUNGEN:

a) Geben Sie eine halbe Tasse Reismehl, Hefe, Zucker und eine halbe Tasse warmes Wasser in ein 2-Tassen-Glas. Umrühren und dann an einem warmen Ort etwa 10 Minuten ruhen lassen, bis sich das Volumen verdoppelt hat.

b) Ein großes Backblech mit Backpapier auslegen und zwei 20 cm große Kreise darauf zeichnen.

c) Restliche ½ Tasse Reismehl, Maismehl, Maisstärke, Xanthangummipulver und Salz in einer großen Schüssel vermischen; mischen, um zu vermischen.

d) Eier leicht schlagen; 1 Esslöffel zum Bestreichen der Brotoberseite beiseite legen. Die restliche 1 Tasse warmes Wasser und das Maisöl zu den geschlagenen Eiern geben. Mit einem Holzlöffel die Ei-Hefe-Mischung unter das Mehl rühren und glatt rühren. Mit einem Gummispatel den weichen Teig kreisförmig auf markiertem Backpapier verteilen und in der Mitte leicht anhäufen.

e) Decken Sie die Brote leicht mit gefetteter Plastikfolie ab und lassen Sie sie etwa eine Stunde lang gehen, bis sich ihr Volumen verdoppelt hat.

f) Ofen auf 425F vorheizen.

g) Ein paar Tropfen Wasser in das beiseite gestellte Ei schlagen und die Brote damit bestreichen. Leicht mit Reismehl bestäuben. Mit einer Rasierklinge die Oberseite der Brote in ein großes Rautenmuster einschneiden.

h) 20 Minuten backen, bis es gut gebräunt ist.

SPANISCHE EMPANADA

69. Empanada Gallega

Ergibt: 8 Portionen

ZUTATEN:
FÜR DIE FÜLLUNG:
- 100 ml Olivenöl
- 3 rote Paprika, fein geschnitten
- 2 Zwiebeln, fein geschnitten
- 1 Knoblauchzehe, fein gehackt
- 1 Lorbeerblatt
- 300 g Bonito-Thunfisch in Öl, das Öl zum Kochen der Paprika aufbewahren
- 2 hartgekochte Eier, grob gehackt
- Salz und Pfeffer nach Geschmack

FÜR DEN TEIG:
- 500 g einfaches Mehl
- 20g Salz
- 6g frische Hefe
- 165 ml warmes Wasser
- 100 ml Öl vom Kochen der Füllung
- 1 Eigelb zum Glasieren

a) Beginnen Sie mit der Zubereitung der Empanada-Füllung. In einer großen Bratpfanne oder Auflaufform das Olivenöl und das Thunfischöl erhitzen, die geschnittenen Zwiebeln, Paprika und Lorbeerblätter dazugeben und bei schwacher Hitze 10 Minuten kochen lassen.

b) Den gehackten Knoblauch hinzufügen und weitere 10 Minuten kochen lassen.

c) Lassen Sie die Mischung abtropfen, bewahren Sie dabei das Öl für den Teig auf und lassen Sie die Mischung abkühlen. Die Thunfischflocken und die gehackten hartgekochten Eier hinzufügen und mit Salz und Pfeffer würzen.

d) Für den Empanada-Teig Mehl und Salz in einer Rührschüssel vermischen. Die frische Hefe in das warme Wasser bröseln und gut vermischen. Schließen Sie den Knethaken an den Mixer an und beginnen Sie bei niedriger bis mittlerer Geschwindigkeit mit der Zugabe des warmen Wassers und der Hefemischung, bis sie vollständig eingearbeitet ist, und anschließend mit dem Öl. 10 Minuten bei gleicher Geschwindigkeit vermischen lassen.

e) Nehmen Sie den Teig aus der Rührschüssel und kneten Sie ihn einige Minuten lang. Den Teig leicht mit Mehl bestäuben, in die Rührschüssel geben und mit Frischhaltefolie abdecken. Den Teig 1 Stunde an einem warmen Ort ruhen lassen.

f) Heizen Sie Ihren Backofen auf 180 °C/356 °F/Gas 4 vor.

g) Den Teig einige Minuten auf einer leicht bemehlten Oberfläche kneten. Teilen Sie den Teig in zwei Teile und rollen Sie jedes Stück zu einem 35 x 25 cm großen Rechteck mit einer Dicke von 3 mm aus. Ein Backblech mit Backpapier auslegen und eines der Rechtecke auf den Boden legen.

h) Geben Sie die Pfeffer-Thunfisch-Mischung in einen Löffel und lassen Sie auf allen Seiten einen 1,5 cm breiten Rand frei.

i) Legen Sie das andere ausgerollte Rechteck auf die Mischung und falten Sie mit Hilfe Ihrer Finger beide Ränder nach innen. Drücken Sie den Teig mit den Fingern zusammen, um ihn zu verschließen und den Rand hervorzuheben. Schneiden Sie mit einem scharfen Messer ein Loch in die Mitte der Empanada, damit der Dampf entweichen kann.

j) Aus den Teigresten können Sie einige Dekorationen für die Empanada herstellen. Bestreichen Sie die Empanada mit Eigelb und etwas Wasser und backen Sie sie 35 Minuten lang im Ofen, bis sie goldbraun sind.

70. Galizische Empanada

Ergibt: 4 Portionen

ZUTATEN:

TEIG
- 250 g Mehl (oder 175 g Mehl und 75 g Maismehl)
- 75 ml warmes Wasser
- 50 ml Olivenöl
- 25 ml Weißwein
- 20 g frische Hefe
- 1/2 Teelöffel Salz
- 1 Ei (zum Waschen der Eier)

FÜLLUNG
- 225 g Kabeljau, entsalzt
- 1 große Zwiebel, gehackt
- 1 große rote Paprika, gehackt
- 2 Knoblauchzehen, gehackt
- 2 EL Tomatensauce
- 1 Tasse Rosinen
- 1 TL Paprikapulver
- 2 Esslöffel Olivenöl
- 1 Teelöffel Salz

ANWEISUNGEN:

TEIG
a) Geben Sie das Mehl in eine große Schüssel.
b) Lösen Sie die Hefe im warmen Wasser auf. Geben Sie es in die Schüssel. Olivenöl, Weißwein und Salz in die Schüssel geben.
c) Lösen Sie die Hefe in warmem Wasser auf und geben Sie alle Zutaten in die Schüssel. 5 Minuten bei niedriger Geschwindigkeit verrühren, bis der Teig glatt ist.
d) Beginnen Sie mit dem Mischen mit einem Löffel und dann mit den Händen. Legen Sie den Teig auf die saubere Küchenarbeitsplatte und kneten Sie, bis der Teig glatt ist. Es dauert 8-10 Minuten. Formen Sie es zu einer Kugel.

e) Streuen Sie etwas Mehl über die Schüssel und legen Sie die Kugel hinein. Mit einem Tuch abdecken und 30 Minuten ruhen lassen.

FÜLLUNG

f) 2 Esslöffel Olivenöl in einer großen Pfanne bei niedriger bis mittlerer Hitze erhitzen. Gehackte Zwiebel, Paprika und Knoblauch unterrühren. Salz hinzufügen und bei mittlerer Hitze kochen, bis es weich und goldbraun ist. Etwa 15 Minuten.

g) Den Kabeljau in kleine Stücke schneiden. Den Kabeljau in die Pfanne geben. Tomatensauce, Rosinen und Paprikapulver hinzufügen. Mischen und 5 bis 8 Minuten kochen lassen. Die Füllung muss etwas saftig sein. Beiseite legen.

h) Den Teig formen und backen (siehe Video unten)

i) Teilen Sie den Teig in zwei gleich große Stücke, eines dient als Boden und das andere als Deckel.

j) Backofen auf 200 °C vorheizen. Ober- und Unterhitze. Backpapier auf ein Backblech legen.

k) Dehnen Sie eines der Stücke mit einem Nudelholz, bis Sie ein dünnes Blatt von etwa 2–3 mm Dicke erhalten.

l) Den Teig auf das Backblech legen.

m) Die Füllung auf dem Teig verteilen, aber am Rand etwas Platz lassen, um die Empanada zu schließen.

n) Dehnen Sie das andere Teigstück. Muss die gleiche Größe wie das erste Blatt haben. Legen Sie es über die Füllung. Kanten versiegeln.

o) Die Oberfläche mit verquirltem Ei bestreichen und 30 Minuten goldbraun backen. 200 °C.

p) Aus dem Ofen nehmen und vor dem Verzehr abkühlen lassen.

71. Puten-Empanadas

Ergibt etwa 4 Portionen

ZUTATEN
- 1 Tasse gekochter Truthahn, gewürfelt
- 1 1/3 Tasse Cheddar-Käse, gerieben
- 4 Unzen. Grüne Chilis aus der Dose, abgetropft
- 1 Tasse Vollkornmehl
- ¼ Tasse Maismehl
- 2 Teelöffel Salz
- 1/3 Tasse Butter
- ¼ Tasse kaltes Wasser
- 1 Teelöffel Milch
- 4 Teelöffel Maismehl (zum Garnieren)

a) Ofen auf 400 F vorheizen.
b) Truthahn, Käse und Chilis vermischen; beiseite legen.
c) In einer separaten Schüssel Mehl, Maismehl und Salz vermischen. Schneiden Sie die Butter hinein, bis die Partikel die Größe kleiner Erbsen haben (mit einem Teigmixer geht das ganz einfach).
d) Mit Wasser bestreuen und mit einem Teigmixer oder einer Gabel verrühren, bis sich eine Teigkugel formen lässt. Bei Bedarf noch etwas Wasser hinzufügen. Den Teig in zwei gleiche Portionen teilen.
e) Eine Portion auf ein bemehltes Brett legen und zu einem 27 cm großen Quadrat ausrollen. Auf ein leicht geöltes Backblech legen. Die Hälfte der Putenmischung auf der Hälfte des Teigquadrats verteilen, bis eine Kante von 3,5 cm erreicht ist. Die andere Hälfte falten Die Hälfte des Teigs darüber verteilen und die Ränder zusammendrücken, um sie zu verschließen.
f) Wiederholen Sie diesen Vorgang mit der anderen Teigportion und dem Rest der Putenmischung. Teigtaschen mit Milch bestreichen.
g) Restliches Maismehl darüber streuen. Bei 400 F 25 Minuten backen oder bis es goldbraun ist.
h) Etwas abkühlen lassen; Zum Servieren in Spalten schneiden.

72. Salsa Verde Golden Chicken Empanadas

Ergibt: 12 Empanadas
ZUTATEN
- 1 Tasse Brathähnchenbrustfleisch ohne Knochen und Haut, fein gehackt
- ¼ Tasse Salsa Verde
- ⅔ Tasse geriebener Cheddar-Käse
- 1 Teelöffel gemahlener Kreuzkümmel
- 1 Teelöffel gemahlener schwarzer Pfeffer
- 2 gekaufte gekühlte Tortenböden aus einer Packung mit mindestens 14,1 Unzen (400 g).
- 1 großes Ei
- 2 Esslöffel Wasser
- Kochspray

a) Besprühen Sie den Korb der Heißluftfritteuse mit Kochspray. Beiseite legen.

b) Hühnerfleisch, Salsa Verde, Cheddar, Kreuzkümmel und schwarzen Pfeffer in einer großen Schüssel vermischen. Umrühren, um alles gut zu vermischen. Beiseite legen.

c) Falten Sie den Tortenboden auf einer sauberen Arbeitsfläche auseinander und schneiden Sie dann mit einem großen Ausstecher so viele 3½-Zoll-Kreise wie möglich aus.

d) Rollen Sie die restlichen Krusten zu einer Kugel und drücken Sie sie zu einem Kreis flach, der die gleiche Dicke wie die ursprüngliche Kruste hat. Schneiden Sie weitere 3½-Zoll-Kreise aus, bis Sie insgesamt 12 Kreise haben.

e) Bereiten Sie die Empanadas zu: Verteilen Sie die Hühnermischung in der Mitte jedes Kreises, jeweils etwa 1½ Esslöffel. Betupfen Sie die Ränder des Kreises mit Wasser. Falten Sie den Kreis in der Mitte über der Füllung, sodass er wie ein Halbmond aussieht, und drücken Sie ihn fest, um ihn zu verschließen, oder drücken Sie ihn mit einer Gabel.

f) Das Ei mit Wasser in einer kleinen Schüssel verquirlen.

g) Die Empanadas in der Pfanne anrichten und mit Kochspray besprühen. Mit verquirltem Ei bestreichen.

h) Stellen Sie den Heißluftfritteusenkorb auf die Backform und schieben Sie ihn in Rostposition 2, wählen Sie Heißluftfrittieren, stellen Sie die Temperatur auf 180 °C (350 °F) und die Zeit auf 12 Minuten ein.

i) Nach der Hälfte der Garzeit die Empanadas wenden.

j) Wenn der Garvorgang abgeschlossen ist, sind die Empanadas goldbraun und knusprig.

k) Sofort servieren.

73. Würzige Tempeh-Empanadas

Ergibt 6 Empanadas

ZUTATEN
- 8 Unzen Tempeh
- 2 Esslöffel Olivenöl
- 1 mittelgelbe Zwiebel, fein gehackt
- 2 Knoblauchzehen, gehackt
- 1/2 Teelöffel getrockneter Oregano
- 1/2 Teelöffel gemahlener Kreuzkümmel
- 1/2 Teelöffel zerstoßener roter Pfeffer
- 1 1/2 Teelöffel Salz
- 1/4 Teelöffel schwarzer Pfeffer
- 1/2 Tasse Ketchup
- 1/2 Tasse Rosinen
- 1/4 Tasse frischer Orangensaft
- 1 1/2 Tassen Allzweckmehl
- 1/2 Tasse gelbes oder weißes Maismehl
- 1 Teelöffel Zucker
- 1 Teelöffel Backpulver
- 1/2 Tasse vegane Margarine
- 1/3 Tasse plus 2 Teelöffel Sojamilch
- 2 Teelöffel Dijon-Senf

In einem mittelgroßen Topf mit siedendem Wasser das Tempeh 30 Minuten kochen. Gut abtropfen lassen, hacken und beiseite stellen. In einer großen Pfanne das Öl bei mittlerer Hitze erhitzen, Zwiebeln und Knoblauch hinzufügen, abdecken und 5 Minuten kochen, bis es weich ist.

Gehacktes Tempeh, Oregano, Kreuzkümmel, zerstoßenen roten Pfeffer, 1/2 Teelöffel Salz und schwarzen Pfeffer unterrühren. 5 Minuten länger kochen lassen, dann die Hitze reduzieren und Ketchup, Rosinen und Orangensaft unterrühren. Etwa 15 Minuten köcheln lassen, bis sich die Aromen vermischt haben und die Flüssigkeit verdampft ist. Zum Abkühlen beiseite stellen.

Heizen Sie den Ofen auf 400 °F vor. Mehl, Maismehl, Zucker, den restlichen 1 Teelöffel Salz und Backpulver in einer Küchenmaschine vermischen. Zum Mischen pulsieren. Margarine, Sojamilch und Senf hinzufügen.

So lange verarbeiten, bis ein weicher Teig entsteht.

Teilen Sie den Teig in 6 gleich große Stücke und rollen Sie diese auf einer leicht bemehlten Arbeitsfläche zu 7-Zoll-Kreisen aus.

Die Füllmischung auf eine Hälfte jedes Teigkreises verteilen. Falten Sie die andere Teighälfte über die Füllung und falten Sie die Ränder zusammen, um die Füllung im Inneren zu verschließen.

25 bis 30 Minuten goldbraun backen. Heiß servieren.

74. Schnelle Pinto-Kartoffel-Empanadas

Ergibt 4 Empanadas

ZUTATEN

- 1 1/2 Tassen gekocht oder 1 (15,5 Unzen) Dose Pintobohnen, abgetropft und abgespült
- 1 kleine Ofenkartoffel, geschält und grob gehackt
- 1/2 Tasse Tomatensalsa, hausgemacht (siehe Frische Tomatensalsa) oder im Laden gekauft
- 1/2 Teelöffel Chilipulver
- 1/2 Teelöffel Salz
- 1/4 Teelöffel frisch gemahlener schwarzer Pfeffer
- 1 Blatt gefrorener Blätterteig, aufgetaut

a) Heizen Sie den Ofen auf 400 °F vor. In einer mittelgroßen Schüssel die Bohnen mit einer Gabel leicht zerdrücken. Kartoffeln, Salsa, Chilipulver, Salz und Pfeffer hinzufügen. Gut zerstampfen und beiseite stellen.

b) Den Teig auf einem leicht bemehlten Brett ausrollen und vierteln.

c) Die Bohnenmischung auf die vier Teigstücke geben und gleichmäßig verteilen. Falten Sie für jede Empanada ein Ende des Teigs über die Füllung, sodass das andere Ende des Teigs anliegt.

d) Verschließen und quetschen Sie die Ränder mit den Fingern, um die Füllung einzuschließen. Mit einer Gabel die Oberseite der Empanadas einstechen und auf ein ungefettetes Backblech legen.

e) Etwa 20 Minuten goldbraun backen.

75. Holzbefeuerte Empanadas

Macht: 4

ZUTATEN:
- Empanada Teig
- 1 Pfund Rinderhackfleisch
- 2 Zwiebeln, gewürfelt
- 4 EL. Butter
- 1 Teelöffel. Paprika
- 1 Teelöffel. Kreuzkümmel
- 1 Teelöffel. Zerkleinerter roter Pfeffer
- Salz und Pfeffer nach Geschmack
- ¼ Tasse grüne Oliven, entkernt und gewürfelt
- 2 hartgekochte Eier, gewürfelt
- 1 Ei mit Wasser zum Waschen der Eier

ANWEISUNGEN:

a) Geben Sie die Butter in eine Pfanne, fügen Sie die Zwiebeln hinzu und stellen Sie die Pfanne in den Ofen in die Nähe des Feuers.

b) Nehmen Sie die Pfanne heraus und geben Sie das Hackfleisch hinein. Das Fleisch mit Paprika, Kreuzkümmel, zerstoßener roter Paprika, Salz und Pfeffer würzen.

c) Umrühren, das Rindfleisch zerkleinern und in den Holzofen stellen, dabei gelegentlich umrühren.

d) Nehmen Sie das Rindfleisch aus dem Ofen, sobald es gebräunt ist, lassen Sie das Feuer erlöschen und lassen Sie die Fleischmischung abkühlen. Die gehackten Oliven und hartgekochten Eier bis zur Verwendung im Kühlschrank aufbewahren.

e) Eine leicht bemehlte Fläche bemehlen und die Empanada-Schalen trennen. Füllen Sie jede Runde mit einem Esslöffel der Fleischmischung.

f) Befeuchten Sie den Rand des Blätterteigs, falten Sie ihn in der Mitte und kleben Sie die Ränder zusammen.

g) Empanadas auf ein mit Backpapier ausgelegtes Backblech legen.

h) Die Empanadas mit dem Ei bestreichen und die Backbleche in den Ofen stellen.

i) 10-12 Minuten backen oder bis es braun ist.

76. Schokoladen-Haselnuss-Empanadas

Macht: 16

ZUTATEN:
- 1 große reife Banane, geschält und gewürfelt
- 1 Tasse Nutella
- 2 gekühlte 9-Zoll-Kuchenböden
- 2 Esslöffel Wasser
- 2 Esslöffel Kristallzucker
- Zimteis

ANWEISUNGEN:
a) Nutella und Banane in eine Schüssel geben und gut vermischen.
b) Den Teig auf eine leicht bemehlte Fläche legen und in 2 gleich große Stücke schneiden.
c) Rollen Sie nun jedes Stück zu einem 14 x 8 Zoll großen Rechteck mit einer Dicke von ¼ Zoll aus.
d) Schneiden Sie mit einem 3-Zoll-Ausstecher aus jedem Teigrechteck 8 Kreise aus.
e) Auf jeden Teigkreis etwa 1 gehäuften Teelöffel der Nutella-Mischung geben.
f) Befeuchten Sie die Ränder jedes Kreises mit nassen Fingern.
g) Falten Sie den Teig über die Füllung und drücken Sie die Ränder fest, um ihn zu verschließen.
h) Auf dem Boden eines mit Folie ausgelegten Backblechs die Empanadas anrichten.
i) Jede Empanada mit Wasser bestreichen und mit Zucker bestäuben.
j) Für etwa 20 Minuten in den Gefrierschrank stellen.
k) Stellen Sie Ihren Ofen auf 400 Grad F ein.
l) Im Ofen etwa 20 Minuten garen.
m) Warm zum Zimteis genießen.

SPANISCHE PIZZA

77. Katalanische Koka

Macht: 2

ZUTATEN:
Für den Pizzaboden
- 1 Tasse Weißbrotmehl
- ½ Tasse Vollkornmehl
- ½ Tasse Allzweckmehl, einfaches Mehl
- ¾ Teelöffel schnell wirkende Trockenhefe, auch Instanthefe genannt
- ½ Teelöffel Salz
- ½ Teelöffel Zucker
- 1 Esslöffel Olivenöl
- 1 ½ Esslöffel Naturjoghurt, z. B. nach griechischer Art
- ¾ Tassen Wasser warm

Für den Belag
- 1 Zwiebel
- 1 rote Paprika
- 4 Esslöffel Olivenöl
- 1 Teelöffel Paprika

ANWEISUNGEN:
a) Für den Pizzateig Mehl, Hefe, Salz und Zucker in eine große Schüssel geben und vermischen. In die Mitte eine kleine Mulde drücken, Öl, Joghurt und Wasser dazugeben und vorsichtig zu einem Teig verrühren. Es wird leicht nass und klebrig sein. Geben Sie den Teig auf eine bemehlte Arbeitsfläche und kneten Sie ihn etwa 5 Minuten lang. Ziehen Sie dabei den Teig mit dem Handrücken von sich weg, falten Sie den gedehnten Teil über den Rest des Teigs, drehen Sie ihn um 90 Grad und wiederholen Sie den Vorgang. Bei Bedarf nach und nach noch etwas Mehl hinzufügen. Nach etwa 5 Minuten sollte es sich nicht mehr klebrig anfühlen. Reinigen Sie die Rührschüssel, ölen Sie sie leicht ein, formen Sie dann den Teig zu einer Kugel und geben Sie ihn in die Schüssel. Mit Frischhaltefolie/Plastikfolie abdecken und etwa eine Stunde (evtl.

auch länger) an einem warmen Ort ruhen lassen, bis sich die Größe verdoppelt hat.

b) Während der Teig geht, bereiten Sie den Belag vor. Zwiebeln und Paprika in dünne Scheiben schneiden. Erhitzen Sie das Öl in einer mittelgroßen Bratpfanne und kochen Sie die Zwiebeln unter regelmäßigem Rühren bei mittlerer Hitze, bis sie weich sind. Fügen Sie die Paprika hinzu und kochen Sie dann weiter, bis die Zwiebeln zu karamellisieren beginnen (sehr weich werden und leicht braun werden, aber nicht anbrennen). Beiseite legen.

c) Als kochfertig

d) Wenn Sie bereit sind, die Pizzen zuzubereiten, heizen Sie den Ofen auf 220 °C (425 °F) vor. Legen Sie die Backbleche in den Ofen, damit sie vorgeheizt werden können.

e) Schlagen Sie den Pizzateig durch (drücken Sie ihn mit den Fingern nach, nachdem Sie ihn aus der Schüssel genommen haben) und teilen Sie ihn in zwei Teile (alternativ können Sie eine große Pizza oder mehrere kleinere machen). Bewahren Sie die Stücke, mit denen Sie nicht arbeiten, abgedeckt auf einer Seite auf, während Sie an der einen Pizza arbeiten.

f) Den Pizzateig nach Belieben und je nach Backblech/Blech kreisförmig oder rechteckig ausrollen. Rollen Sie es so dünn wie möglich aus und übertragen Sie es auf ein Stück Pergamentpapier. Mit dem restlichen Teig wiederholen.

g) Belegen Sie die Pizzen mit der Zwiebel-Paprika-Mischung und streuen Sie dann das Paprikapulver darüber.

h) Ca. 10-12 Minuten backen, bis der Boden leicht braun ist. Eventuell angebrannte Zwiebelstücke abschneiden und servieren.

78. SpanischChorizo-Pizza

Ergibt: 1 große Pizza

ZUTATEN:
- 1 Rezept für traditionellen italienischen Grundteig
- In Scheiben geschnittene, entkernte grüne Oliven, eine halbe Tasse
- 1 rote Paprika, geröstet und gewürfelt
- Sonnengetrocknete Tomaten, in Öl
- Geriebener Mozzarella, 6 Unzen
- In Scheiben geschnittene spanische Chorizo, 4 Unzen
- 1 Knoblauchzehe, geviertelt
- Gehobelter Manchego oder Parmigiana, 3 Unzen

ANWEISUNGEN:
a) Rote Paprika, sonnengetrocknete Tomaten und Knoblauch vermischen, bis eine ziemlich glatte Masse entsteht.
b) Die Mischung auf der Kruste verteilen.
c) Den geriebenen Käse und die Chorizo-Scheiben darüberstreuen.
d) Verteilen Sie den Manchego-Käse auf dem Pizzabelag, nachdem Sie die Oliven darüber gestreut haben.
e) Etwa 15 Minuten backen.

79. Pizza mit Muscheln, Wurst und Haselnüssen

Ergibt: 1 große Pizza

ZUTATEN:
- 1 Rezept für traditionellen italienischen Grundteig
- Geschredderter Manchego, 6 Unzen
- Gehackte, geröstete, enthäutete Haselnüsse, 6 Esslöffel
- Geräucherter süßer Paprika, ½ Teelöffel
- Getrocknete spanische Chorizo, 4 Unzen
- 1 rote Zwiebel, gewürfelt
- Gehackte Babymuscheln aus der Dose, abgetropft und abgespült, 10 Unzen

ANWEISUNGEN:
a) Formen Sie den Teig zu einem Kreis mit einem Durchmesser von 14 Zoll.
b) Halten Sie dazu die Ränder fest und drehen und dehnen Sie den Teig vorsichtig.
c) Kruste und Käseraspeln darauf verteilen.
d) Zwiebel und geräuchertes Paprikapulver vermischen und auf dem Boden verteilen.
e) Mit Käse belegen.
f) Die Wurstwürfel darauf verteilen.
g) Belegen Sie die Pizza mit einer gleichmäßigen Schicht Muscheln und Haselnüssen.
h) 16 bis 18 Minuten backen oder grillen.

FRUCHTIGES SPANISCHES BROT

80. Gebackenes spanisches Blaubeerbrot

Ergibt: 8 Portionen

ZUTATEN:
- 16 Unzen italienisches Brot
- 4 Eier
- ½ Tasse Milch, 2 % fettarm
- ¼ Teelöffel Backpulver
- 1 Teelöffel Vanille
- 2½ Tasse Blaubeeren, gefroren oder frisch
- ½ Tasse) Zucker
- 1 Teelöffel Zimt
- 1 Teelöffel Maisstärke
- 2 Esslöffel Butter, geschmolzen
- ¼ Tasse Puderzucker

ANWEISUNGEN:

a) Schneiden Sie das Brot diagonal in 20 cm dicke Stücke, ohne den Rand. Ordnen Sie die Brotscheiben in einer 25 x 38 cm großen Auflaufform an.

b) In einer mittelgroßen Schüssel Eier, Milch, Backpulver und Vanille verquirlen.

c) Gießen Sie die Mischung langsam über das Brot und drehen Sie dabei jede Scheibe, bis sie vollständig bedeckt ist. Decken Sie die Form mit Plastikfolie ab und stellen Sie sie mindestens 1 Stunde lang, vorzugsweise jedoch über Nacht, in den Kühlschrank.

d) Den Ofen auf 425 Grad vorheizen. Beschichten Sie eine weitere 10 x 15 Zoll große Auflaufform mit Antihaft-Kochspray. Streuen Sie die Blaubeeren über den Boden der Pfanne.

e) Zucker, Zimt und Maisstärke vermischen und gleichmäßig über die Beeren gießen. Die Brotscheiben mit der nassesten Seite nach oben fest über die Blaubeeren legen. Das Brot mit zerlassener Butter bestreichen.

f) Backen Sie den spanischen Toast in der Mitte des Ofens 20 bis 25 Minuten lang oder bis er goldbraun ist.

g) Zum Servieren den Toast mit der Beerenseite nach unten auf vorgewärmte Teller legen. Rühren Sie die restliche Beerenmischung in der Auflaufform um und verteilen Sie sie dann über dem Toast.

h) Mit Puderzucker bestreuen.

81. **Dinkelbrot mit Orange**

Ergibt: 1 Laib

ZUTATEN:
SCHRITT 1
- ½ einer normalgroßen Orange

SCHRITT 2
- Orangenschalenstücke
- 7 Unzen Roggensauerteigstarter
- 1 Tasse (200 ml) Wasser, Raumtemperatur
- ½ Esslöffel Salz 1 Teelöffel Fenchel
- ca. 6–7 Tassen (600–700 g) Dinkelmehl, gesiebt

ANWEISUNGEN:
a) Die Orange schälen. Die Schale einige Minuten in Wasser köcheln lassen. Aus dem Wasser nehmen und etwas abkühlen lassen.

b) Mit einem Löffel den weißen Teil an der Innenseite der Schale abkratzen. Die Schale in kleine Stücke schneiden.

c) Alle Zutaten vermischen, aber die letzten paar Tassen Mehl langsam hinzufügen. Dinkelmehl nimmt Flüssigkeit nicht so gut auf wie normales Weizenmehl. Gut durchkneten.

d) Den Teig etwa 30 Minuten gehen lassen.

e) Den Teig zu einem runden Laib formen und auf ein gefettetes Backblech legen. Lassen Sie den Teig gehen, bis er sein Volumen verdoppelt hat; Dies kann bis zu ein paar Stunden dauern.

f) Bei 200 °C etwa 25 Minuten backen.

g) Bestreichen Sie das Brot mit Wasser, nachdem Sie es aus dem Ofen genommen haben.

82. Weizen-Beeren-Sprossen-Brot

Ergibt: 1 Portion

ZUTATEN:
- ¾ Tasse Wasser
- 2 Esslöffel Margarine/Butter
- 1 Esslöffel Zucker
- 1½ Teelöffel Salz
- ½ Tasse gekeimte Weizenbeeren
- 2½ Tasse Brotmehl
- 3 Esslöffel fettfreie Trockenmilch
- 1½ Teelöffel Hefe

ANWEISUNGEN:
a) Ungefähr 2-3 Tage bevor Sie Ihr Brot backen möchten, weichen Sie eine halbe Tasse Weizenbeeren über Nacht in kaltem Wasser ein.
b) Verwenden Sie ein mit Käsetuch bedecktes Glas oder ein Keimglas. Morgens abtropfen lassen.
c) Mindestens zweimal täglich oder öfter abspülen und abtropfen lassen, bis „Schwänze" erscheinen. Der Schwanz kann zwischen ⅛ und ¼ Zoll lang sein. Weizensprossen sollten nicht länger als die Beere selbst sein.

83. Spanisches Birnenbrot

Ergibt: 1 Portion

ZUTATEN:
- ½ Tasse Birnenpüree
- 1 Esslöffel Pflanzenöl
- 1 Esslöffel Honig
- 1 Ei
- ⅓ Teelöffel Salz
- ⅛ Teelöffel schwarzer Pfeffer; grob gemahlen
- 1½ Tasse Brotmehl
- 1 Teelöffel aktive Trockenhefe

BEI BEEP HINZUFÜGEN:
- ¼ Tasse getrocknete Birnen; gewürfelt

ANWEISUNGEN:
a) Im Brotbackautomaten backen.

SPANISCHES KRÄUTERBROT

84. Spanisches Brot mit Basilikumcreme

Ergibt: 8 Portionen

ZUTATEN:
- 1 Laib spanisches Brot – ungeschnitten
- 3 Unzen Frischkäse
- ¼ Teelöffel Basilikum
- ¼ Teelöffel Knoblauch
- 2 Esslöffel Margarine
- 2 Esslöffel Parmesankäse

ANWEISUNGEN:
a) Den gesamten Laib waagerecht durchschneiden und die Masse auf der unteren Hälfte verteilen. In Folie einwickeln. 15–20 Minuten bei 350 F backen.

b) Grillmethode; Nachdem Sie es in Folie eingewickelt haben, stellen Sie es 13–20 Minuten lang 15 cm von den Kohlen entfernt auf und wenden Sie es während der Grillzeit zweimal.

85. **Spanisches Kräuterbrot**

Ergibt: 1 Portion

ZUTATEN:
- 6 Tassen Mehl
- 2 Packungen Trockenhefe
- 1 Packung Ranch-Dressing-Mix
- 1½ Tasse Buttermilch
- ½ Tasse Wasser
- ¼ Tasse Backfett
- 1 Ei
- 1 Esslöffel geschmolzene Butter oder Margarine

ANWEISUNGEN:

a) In einer großen Rührschüssel 2 Tassen Mehl, Hefe und 3 Teelöffel trockene Salatdressingmischung vermischen. Restliche Mischung aufbewahren. Buttermilch, Wasser und Backfett erhitzen, bis es warm ist (120–130 °C), das Backfett muss nicht schmelzen.

b) Zur Mehlmischung hinzufügen. Ei hinzufügen. Mischen, bis es feucht ist; 3 Minuten bei mittlerer Geschwindigkeit schlagen.

c) Nach und nach so viel Mehl hinzufügen, dass ein fester Teig entsteht. Auf einer gut bemehlten Arbeitsfläche glatt und elastisch kneten (5-10 Minuten). In eine gefettete Schüssel geben; drehen, um die Oberseite einzufetten. Abdeckung; Im warmen Ofen (1 Minute auf niedrigster Stufe einschalten, dann ausschalten) 20 Minuten gehen lassen.

d) Teig ausstanzen; in 2 Teile teilen. Rollen oder tupfen Sie jedes Teil auf einer leicht bemehlten Oberfläche zu einem Rechteck von 30 x 17 cm. Beginnen Sie mit der längeren Seite und rollen Sie es fest auf, um Kanten und Enden zu verschließen. Mit der Nahtseite nach unten auf das gefettete Backblech legen.

e) Machen Sie diagonale Schnitte im Abstand von etwa 5 cm in die Oberseite der Brote. Abdeckung; Im warmen Ofen etwa 30 Minuten gehen lassen, bis sich die Masse verdoppelt hat.

f) Im vorgeheizten Ofen bei 375 °C 25 bis 30 Minuten backen.

g) Noch warm mit zerlassener Butter bestreichen; Mit 1 Teelöffel reservierter Salatdressingmischung bestreuen. Auf Gitterrosten abkühlen lassen.

86. **Rosmarinbrot**

Ergibt: 1 Laib

ZUTATEN:
- 3 Unzen (80 g) Weizensauerteig-Starter
- 2 Tassen Weizenmehl
- ½ Tasse (125 ml) Wasser, Raumtemperatur
- 3½ Teelöffel frische Hefe
- 1 Teelöffel Salz
- 1 Esslöffel Olivenöl
- frischer Rosmarin

ANWEISUNGEN:
a) Alle Zutaten bis auf das Öl und den Rosmarin verrühren, bis ein glatter Teig entsteht. 20 Minuten gehen lassen.
b) Rollen Sie den Teig aus und formen Sie ihn zu einem Rechteck mit einer Dicke von etwa 3 mm.
c) Mit Olivenöl bestreichen. Rosmarin hacken und über den Teig streuen. Anschließend den Teig von der kurzen Seite des Rechtecks her aufrollen. Sichern Sie die Enden.
d) Lassen Sie das Brot etwa 30 Minuten gehen und ritzen Sie einen tiefen Einschnitt in die Mitte der Teigrolle, sodass alle Schichten sichtbar sind. Nochmals 10 Minuten gehen lassen.
e) Anfängliche Ofentemperatur: 475 °F (250 °C)
f) Legen Sie das Brot in den Ofen. Streuen Sie eine Tasse Wasser auf den Boden des Ofens. Reduzieren Sie die Temperatur auf 210 °C (400 °F) und backen Sie es etwa 20 Minuten lang.
g) Den Teig mit Öl bestreichen und den Rosmarin gleichmäßig darauf verteilen.
h) Den Teig aufrollen. Drücken Sie die Enden zusammen.
i) Das Brot nach dem Aufgehen einschneiden.

87. Sauerteigbrot mit grünem Tee

Ergibt: ein Brot

ZUTATEN:
- 1 Tasse (250 ml) starker grüner Tee, lauwarm
- 7 Unzen Weizensauerteig-Starter
- 1 Esslöffel Salz
- 5 Tassen (600 g) Weizenmehl-Olivenöl für die Schüssel

ANWEISUNGEN:
a) Die Zutaten mischen und gut durchkneten. Den Teig in einer gefetteten und abgedeckten Schüssel 1 Stunde gehen lassen.
b) Den Teig vorsichtig auf einen Backtisch gießen. Es sollte leicht herausfließen.
c) Den Laib vorsichtig falten und auf ein gefettetes Backblech legen. Nochmals 30 Minuten gehen lassen.
d) Anfängliche Ofentemperatur: 475 °F (250 °C)
e) Legen Sie das Brot in den Ofen und streuen Sie eine Tasse Wasser auf den Boden des Ofens. Reduzieren Sie die Temperatur auf 200 °C.
f) Das Brot etwa 25 Minuten backen.

Spanisches Brot mit Nüssen und Samen

88. Mit Haselnüssen gefülltes spanisches Brot

Ergibt: 2 große Brote

ZUTATEN:
- 2 Esslöffel Trockenhefe
- 2½ Tasse warmes Wasser (105-110 F.)
- 7 Tassen Brotmehl, ungesiebt
- 1 Esslöffel Salz
- 1 Esslöffel Butter; geschmolzen
- 1 Eiweiß; gemischt mit...
- 1 Esslöffel Wasser
- Maismehl zum Bestäuben
- 2 Knoblauchzehen; gehackt
- 1 Esslöffel Dijon-Senf
- ¾ Tasse fein gehackte Haselnüsse (Oregon-Haselnüsse)
- ⅓ Tasse Olivenöl
- ½ Tasse gehackte sonnengetrocknete Tomaten
- ¼ Tasse Butter, weich
- 1 Tasse geriebener Schweizer Käse

ANWEISUNGEN:

a) Alle Zutaten für die Füllung gründlich vermischen und beiseite stellen.

b) Hefe in warmem Wasser auflösen. Salz und Butter hinzufügen und gut verrühren. Kneten, bis der Teig elastisch und glatt ist, etwa 10 Minuten.

c) In eine gefettete Schüssel geben, abdecken und etwa 1 Stunde gehen lassen, bis sich das Volumen verdoppelt hat. Teilen Sie den Teig in zwei Teile und rollen Sie ihn zu länglichen Stücken von 38 x 30 cm aus. Jeweils mit der Hälfte der Füllung bestreichen. Rollen Sie die Versiegelung beim Rollen auf. Mit der Nahtseite nach unten auf gefettete, mit Maismehl bestäubte Backbleche legen. Etwa 1 Stunde gehen lassen, bis sich das Volumen verdoppelt hat.

d) An jedem Laib 3 bis 4 diagonale Schnitte machen. Im Ofen bei 450 °C 25 Minuten backen.

e) Herausnehmen, mit Eiweiß-Wasser-Mischung bestreichen und weitere 5 Minuten backen.

f) Um optimale Ergebnisse zu erzielen, halten Sie den Ofen sehr heiß und stellen Sie eine Pfanne mit 2,5 cm Wasser auf den unteren Rost. Dieser Dampf erzeugt die klassische knusprige Kruste von gutem spanischem Brot.

89. Haselnussbrot

Ergibt: 2 Brote

ZUTATEN:
- 2 Tassen Wasser, Zimmertemperatur
- 16 Unzen Roggensauerteigstarter
- 3¾ Tassen Weizenmehl
- 2¼ Tassen Dinkelmehl, gesiebt
- 2¼ Tassen feines Roggenmehl
- 1½ Esslöffel Salz
- 2½ Tassen ganze Haselnüsse
- Olivenöl für die Schüssel

ANWEISUNGEN:
a) Alle Zutaten außer Salz und Nüssen vermischen. Den Teig gut durchkneten.
b) Salz und Nüsse hinzufügen und unter den Teig kneten.
c) Den Teig in eine mit Öl bestrichene Plastikschüssel geben und etwa 3 Stunden gehen lassen.
d) Den Teig trennen, in zwei Laibe formen und diese auf ein gefettetes Backblech legen. Etwa eine weitere Stunde gehen lassen.
e) Anfängliche Ofentemperatur: 525 °F (270 °C)
f) Legen Sie die Brote in den Ofen und reduzieren Sie die Temperatur auf 230 °C.
g) Die Brote 30–40 Minuten backen.

90. Walnussbrot

Ergibt: 1 Laib

ZUTATEN:
- 2 Tassen Wasser, Zimmertemperatur
- 14 Unzen Roggensauerteigstarter
- 4 Tassen ungemischtes Roggenmehl
- 4 Tassen Weizenmehl
- 14 Unzen ganze Walnüsse
- 3½ Teelöffel Salz
- Olivenöl für die Schüssel

ANWEISUNGEN:
a) Alle Zutaten bis auf die Walnüsse und das Salz vermischen. Kneten, bis der Teig glatt ist.
b) Sobald der Teig gut geknetet ist, Salz und Walnüsse hinzufügen. Noch ein paar Minuten weiterkneten.
c) Anschließend den Teig in eine geölte Rührschüssel geben und mit einem Tuch abdecken.
d) Den Teig etwa 2 Stunden gehen lassen.
e) Legen Sie den Teig auf eine bemehlte Fläche und formen Sie ihn zu einem runden Laib.
f) Auf einem gefetteten Backblech etwa 30 Minuten gehen lassen.
g) Anfängliche Ofentemperatur: 475 °F.
h) Legen Sie das Brot in den Ofen und streuen Sie eine Tasse Wasser auf den Boden des Ofens. Reduzieren Sie die Temperatur auf 450 °F.
i) Das Brot etwa 30 Minuten backen.
j) Sobald der Teig gut geknetet ist, Salz und Walnüsse hinzufügen. Nochmals einige Minuten kneten.
k) Nachdem der Teig aufgegangen ist, schneiden Sie ihn in zwei Stücke.
l) Die Stücke auf dem Backblech leicht flach drücken.

91. **Anisbrot**

Ergibt: 1 Laib

ZUTATEN:
- 3 Tassen fein gemahlenes Roggenmehl
- 2½ Tassen Dinkelmehl, gesiebt
- 10½ Unzen Roggensauerteig-Starter
- ½ Esslöffel Salz
- 4 Teelöffel (20 g) Rohzucker
- 1¼ Tasse Bier mit niedrigem Alkoholgehalt, Zimmertemperatur
- ½ Unzen zerstoßener Anis
- 1¾ Unzen Leinsamen

ANWEISUNGEN:
a) Mische alle Zutaten. Der Teig wird ziemlich klebrig sein. Bei Zimmertemperatur ca. 1 Stunde ruhen lassen.
b) Bemehlen Sie Ihre Hände leicht und kneten Sie den Teig vorsichtig. Den Teig zu einem großen, runden Brötchen formen und auf ein gefettetes Backblech legen.
c) Lassen Sie das Brot gehen, bis es sein Volumen verdoppelt hat. Dies kann einige Stunden dauern.
d) Anfängliche Ofentemperatur: 450 °F (230 °C)
e) Legen Sie das Brot in den Ofen und streuen Sie eine Tasse Wasser auf den Boden. Die Temperatur auf 180 °C reduzieren und 45–55 Minuten backen.

92. Sonnenblumenbrot

Ergibt: ca. 15–20 Rollen

ZUTATEN:
- 1¾ Teelöffel frische Hefe
- 1¼ Tasse Wasser, Zimmertemperatur
- 3 Tassen fein gemahlenes Roggenmehl
- 2½ Tassen Weizenmehl
- 7 Unzen Roggensauerteigstarter
- 1 Esslöffel Salz
- 3 Esslöffel Honig
- ⅔ Tasse Sonnenblumenkerne
- 1 Esslöffel Kreuzkümmel

ANWEISUNGEN:
a) Lösen Sie die Hefe in etwas Wasser auf. Alle Zutaten hinzufügen und gut vermischen.
b) Den Teig an einem warmen Ort gehen lassen, bis er sein Volumen verdoppelt hat. Dies dauert 1–2 Stunden.
c) Aus dem Teig fünfzehn bis zwanzig kleine Rollen formen. Legen Sie sie auf ein gefettetes Backblech und lassen Sie sie an einem warmen Ort gehen, bis sich ihr Volumen verdoppelt hat.
d) Bei 180 °C etwa 10 Minuten backen.
e) Den Teig nach dem Aufgehen kneten und zu einer länglichen Rolle formen.
f) Den Teig in fünfzehn bis zwanzig Stücke schneiden.
g) Zu runden Broten formen und auf einem Backblech aufgehen lassen, bis sich das Volumen verdoppelt hat.

93. Kürbiskern-Luzerne-Sprossenbrot

Ergibt: 15 Portionen

ZUTATEN:
- 1 Packung Hefe
- 2½ Tasse Besseres Brotmehl
- 1 Tasse Weizenmehl
- 2 Esslöffel Gluten
- 1¼ Teelöffel Salz
- ⅓ Tasse fettfreie Instant-Trockenmilch
- 1 Tasse Alfalfasprossen; 11 Unzen
- ½ Tasse Kürbiskerne; verpackt/grün ungesalzen
- 2 Esslöffel Pflanzenöl
- 1 Esslöffel Honig
- 1½ Tasse Sehr warmes Wasser

ANWEISUNGEN:
a) Geben Sie alle Zutaten in der angegebenen Reihenfolge hinzu, wählen Sie Weißbrot im Brotbackautomaten aus und drücken Sie „Start".

94. Käse- und Sesambrot

Ergibt: 3 Brote

ZUTATEN:
TAG 1
- 8½ Unzen Weizensauerteig-Starter
- 1½ Tasse Wasser, Zimmertemperatur
- 1½ Tasse Hartweizenmehl
- 1½ Tasse Weizenmehl

TAG 2
- 1 Esslöffel Salz
- 2¼ Tasse geriebener Käse, z. B. gereifter Schweizer Käse oder Emmentaler
- ½ Tasse geröstete Sesamkörner
- 3⅔ Tassen Weizenmehl
- Olivenöl für die Schüssel

ANWEISUNGEN:

a) Die Zutaten gründlich vermischen und etwa 12 Stunden im Kühlschrank gehen lassen.

b) Den Teig rechtzeitig aus dem Kühlschrank nehmen, damit er nicht zu kalt ist. Salz, Käse, Sesam und Mehl hinzufügen. Je trockener der Käse, desto weniger Mehl benötigen Sie. Gut vermischen und in einer gefetteten, mit Alufolie abgedeckten Rührschüssel gehen lassen, bis der Teig sein Volumen verdoppelt hat.

c) Den Teig vorsichtig auf einem Tisch ausbreiten und dritteln. Vorsichtig zu runden Broten formen. Legen Sie die Brote auf ein gefettetes Backblech und lassen Sie das Brot etwa 30 Minuten gehen.

d) Anfängliche Ofentemperatur: 450 °F (230 °C)

e) Legen Sie das Brot in den Ofen und reduzieren Sie die Temperatur auf 210 °C. Etwa 30 Minuten backen.

f) Die Sesamkörner in einer trockenen Pfanne rösten. Lassen Sie die Sesamkörner abkühlen, bevor Sie den Teig mischen.

g) Wenn der Teig fertig ist, vorsichtig runde Laibe formen.

h) Nachdem die Brote 30 Minuten lang aufgegangen sind, bestäuben Sie sie mit Mehl und machen Sie vorsichtige Einschnitte auf der Oberseite der Brote, bevor Sie sie in den Ofen schieben.

95. Spanisches Sesambrot

Macht: 14

ZUTATEN:
- 7/8 Tasse Wasser
- 1 Esslöffel Butter, weich
- 3 Tassen Brotmehl
- 2 Teelöffel Zucker
- 1 Teelöffel Salz
- 2 Teelöffel Hefe
- 2 Esslöffel geröstete Sesamkörner

ANWEISUNGEN:
a) Geben Sie jede Zutat in der Reihenfolge und bei der vom Hersteller Ihres Brotbackautomaten empfohlenen Temperatur in den Brotbackautomaten.
b) Schließen Sie den Deckel, wählen Sie an Ihrem Brotbackautomaten die Einstellung für spanisches Brot mit mittlerer Kruste und drücken Sie Start.
c) Wenn der Brotbackautomat mit dem Backen fertig ist, nehmen Sie das Brot heraus und legen Sie es auf ein Kühlregal.

GEMÜSE- UND KÖRNERBROT

96. Kartoffelsauerteig

Macht: 1

ZUTATEN:
- 2 mittelgroße Kartoffeln, geschält
- 1 Teelöffel Honig
- 1 Esslöffel Dinkelmehl, gesiebt

ANWEISUNGEN:
a) Mischen Sie die Kartoffeln, bis sie Brei ähneln. Honig und Dinkelmehl unterrühren.
b) Bewahren Sie die Mischung in einem Glas mit dicht schließendem Deckel auf. Morgens und abends einrühren.
c) Die Herstellung dieses Sauerteigs dauert normalerweise etwas länger als bei anderen, aber die zusätzliche Zeit lohnt sich auf jeden Fall. Es wird 5–7 Tage dauern, bis es fertig ist.
d) Der Starter ist fertig, wenn die Mischung zu sprudeln beginnt. Ab diesem Zeitpunkt müssen Sie den Teig nur noch „füttern", damit er seinen Geschmack und seine Gärfähigkeit behält.

97. **Karottenbrot**

Ergibt: 2–3 Brote

ZUTATEN:
- ½ Tasse Milch, Zimmertemperatur
- 1¾ Teelöffel frische Hefe
- 1 Esslöffel Salz
- 3¾ Tassen Weizenmehl, Vollkornmehl
- 1 Tasse Haferflocken
- 5 Unzen Weizensauerteig-Starter
- 1 Tasse Wasser, Zimmertemperatur
- 2 Tassen geriebene Karotten

ANWEISUNGEN:
a) Milch und Hefe verrühren. Alle Zutaten außer den Karotten vermischen. Den Teig etwa 10 Minuten lang kneten. Die geriebenen Karotten dazugeben und noch einmal durchkneten.
b) Den Teig an einem warmen Ort 60–90 Minuten gehen lassen.
c) Anfängliche Ofentemperatur: 475 °F.
d) Legen Sie die Brote in den Ofen und backen Sie sie 10 Minuten lang.
e) Reduzieren Sie die Temperatur auf 350 °F und backen Sie weitere etwa 30 Minuten.
f) Die Haferflocken in einer beschichteten Bratpfanne rösten.
g) Den Teig etwa 10 Minuten lang kneten. Die geriebene Karotte hinzufügen.

98. Olivenbrot

Ergibt: 2 Brote

ZUTATEN:
- 10½ Unzen Dinkelsauerteig-Starter
- 6 Tassen (600 g) Dinkelmehl, gesiebt
- 1¼ Tasse Wasser, Zimmertemperatur
- 1 Esslöffel Honig
- 1 Esslöffel Salz
- ⅔ Tasse (150 g) entkernte Oliven, vorzugsweise eine Mischung aus grünen und schwarzen Oliven

ANWEISUNGEN:
a) Alle Zutaten bis auf die Oliven vermischen. Durcharbeiten. Der Teig sollte ziemlich „schwach" sein. Den Teig zu einem „Kuchen" mit einem Durchmesser von 30 cm flach drücken. Die Hälfte der Oliven hacken. Die gehackten Oliven dazugeben und die ganzen Oliven untermischen. Den Teig aufrollen und 2–3 Stunden gehen lassen. Den Teig in 2 Stücke schneiden und zu Broten formen. Lassen Sie die Brote noch einmal 20 Minuten gehen.
b) Anfängliche Ofentemperatur: 475 °F (250 °C)
c) Legen Sie das Brot in den Ofen und reduzieren Sie die Temperatur auf 200 °C. Etwa 30–40 Minuten backen.
d) Den Teig über die Oliven falten.
e) Nachdem der Teig 2–3 Stunden lang fermentiert hat, schneiden Sie ihn in zwei Hälften.
f) Das Brot so formen, dass die Olivenmischung entsteht.

99. **Haferbrot**

Ergibt: 3 Brote

ZUTATEN:
- 1 Portion Hafersauerteig
- ½ Tasse (125 ml) Wasser, Raumtemperatur
- ½ Esslöffel Salz
- 2 Teelöffel Honig
- ca. 2½ Tassen Weizenmehl
- ein paar Haferflocken

ANWEISUNGEN:
a) Alle Zutaten bis auf die Haferflocken vermischen und gut durchkneten. Den Teig 2–3 Stunden gehen lassen.
b) Aus dem Teig drei runde Laibe formen. Mit Wasser bestreichen und das Brot in die Haferflocken tauchen. Den Teig auf einem gefetteten Backblech weitere 45 Minuten gehen lassen.
c) Backen Sie die Brote etwa 20 Minuten lang bei 190 °C (375 °F).

100. Linsenbrot

Ergibt: 1 Laib

ZUTATEN:
- 1 Portion Linsensauerteig
- ¼ Tasse Olivenöl
- 2 Teelöffel Meersalz
- ½ Tasse Wasser, Zimmertemperatur
- 2 Tassen Weizenmehl

ANWEISUNGEN:
a) Die Zutaten mischen und gut durchkneten. Sollte der Teig zu locker sein, dann noch etwas Mehl hinzufügen. Den Teig über Nacht in den Kühlschrank stellen.
b) Nehmen Sie den Teig heraus und kneten Sie ihn noch etwas weiter. Den Teig zu einem Laib formen und auf ein gefettetes Backblech legen.
c) Lassen Sie das Brot etwa 12 Stunden im Kühlschrank gehen.
d) Nehmen Sie das Brot aus dem Kühlschrank und lassen Sie es 30 Minuten bei Raumtemperatur stehen, bevor Sie es in den Ofen schieben. Backen Sie das Brot etwa 30 Minuten lang bei 200 °C (400 °F).

ABSCHLUSS

Ich wünsche Ihnen viel Spaß beim Zubereiten dieser Rezepte. Von süßen und zimtigen Churros bis hin zu würzigen, kräuterigen Tomatenbrotscheiben – jedes dieser spanischen Brote hat etwas an sich, das es von den anderen unterscheidet. Ob Sie also ein leckeres, keksartiges Brot zum Frühstück genießen möchten, etwas Sättigendes und Leckeres für einen Mittagssnack brauchen oder etwas zum Abendessen kombinieren möchten, diese Liste hat es.

www.ingramcontent.com/pod-product-compliance
Lightning Source LLC
Chambersburg PA
CBHW070653120526
44590CB00013BA/945